Andreas Kramer
Ute Teigler

Mehr als ein Hocker

KINDER bauen Möbel MIT KÖPFCHEN

Dieses Buch ist erhältlich als:
ISBN 978-3-407-75441-7 Print

© 2018 Beltz & Gelberg
in der Verlagsgruppe Beltz · Weinheim Basel
Werderstraße 10, 69469 Weinheim
Alle Rechte vorbehalten
Neue Rechtschreibung
Gesamtgestaltung und Illustrationen: Tine Schulz (tineschulz.de)
Fotografie: Thekla Ehling (thekla-ehling.de)
Lektorat: Carolin Eichenlaub
Druck und Bindung: Beltz Grafische Betriebe, Bad Langensalza
Printed in Germany
1 2 3 4 5   22 21 20 19 18

Weitere Informationen zu unseren Autor_innen
und Titeln finden Sie unter: www.beltz.de

Andreas Kramer
Ute Teigler

Mehr als ein Hocker

KINDER bauen Möbel
MIT KÖPFCHEN

BELTZ & Gelberg

Ute Teigler

lebt als Redakteurin und Medienpädagogin in Köln und betreut am liebsten Projekte für Kinder und Jugendliche. Sie findet selbst gemachte Möbel schöner und wertvoller als die in Möbelhäusern gekauften.

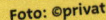

Andreas Kramer

war Glaser und Architekt. Inzwischen arbeitet er als Lehrer in Köln. Er hat großen Spaß am Konstruieren und Gestalten. Schon als Kind hat er Möbel selber gebaut – bis heute hat er damit nicht aufgehört.

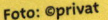

Danke

Ein dickes Dankeschön fürs Mitmachen an Alma, Romy, Linda, Timur, Tim, Mia, Gaspard, Baptist, Karlotta, Ida, Edwin, Fanny, Greta, Ole, Alma, Luise, Henni, Ella, Enno und Lucia. Danke an Marie, Tom und Anke T. fürs Mitdenken, an Tine Schulz für die super Gestaltung und Carolin Eichenlaub für ihr Vertrauen. Und ganz besonders bedanken wir uns bei Thekla Ehling für ihre wunderbaren Bilder und vieles mehr.

Mehr als ein Hocker

Bestimmt kennt ihr das schöne Gefühl, das sich einstellt, wenn euch etwas gut gelungen ist. Etwas Gebasteltes, eine knifflige Aufgabe, ein leckerer Kuchen …

Beim Bauen von Möbelstücken ist das ganz genauso und sogar noch ein bisschen aufregender: Zuerst überlegt ihr euch, was ihr bauen möchtet und wie es aussehen soll. Dann besorgt ihr alle notwendigen Materialien, die ihr dafür braucht, und schließlich geht es an die Arbeit. Sägen, bohren, schrauben, schleifen – es dauert eine Weile, bis aus einfachen Holzbrettern ein echtes Möbelstück geworden ist. Doch am Ende kommt etwas dabei raus, das euren Alltag bereichert und sogar ein lebenslanger Begleiter für euch werden kann.

Für dieses Buch haben wir uns robuste und praktische Möbelstücke für die ganze Familie ausgedacht. Sie sind sorgfältig gestaltet, erweiterbar und multifunktional. Die Möbel bieten eine clevere Möglichkeit, euer Zuhause gemeinsam zu gestalten. Auch für handwerklich Unerfahrene sind sie problemlos nachzubauen.

Und das Beste: Am Ende habt ihr nicht nur ein fertiges Möbelstück, sondern auch das tolle Gefühl, etwas gemeinsam auf die Beine gestellt zu haben!

Wir wünschen euch viel Spaß beim Bauen!

Andreas Kramer und Ute Teigler

Wo findest du was?

Spielzeugkiste
S. 26

01

Wandelbarer Hocker
S. 36

02

03

Werkbank
S. 44

04

Wandregal
S. 54

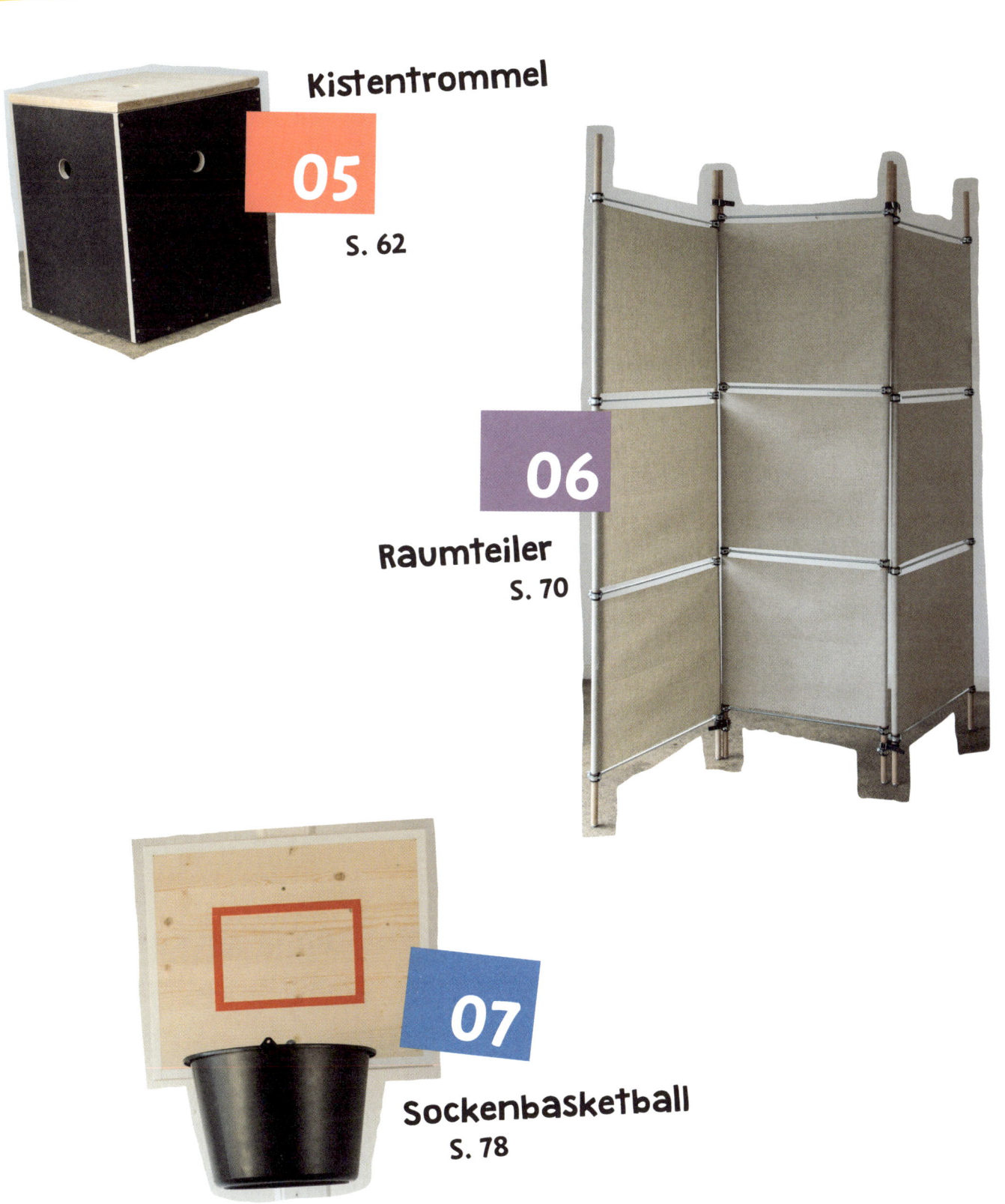

Kistentrommel

05

S. 62

06

Raumteiler
S. 70

07

Sockenbasketball
S. 78

Wo findest du was?

Schatzkiste

08

Garderobe

09

Schränkchen

10

Bilderleiste

11

Schreibtisch
S. 116

12

Tischlampe
S. 124

13

14

Stuhl
S. 132

→ **Bau-Tipps findest du ab Seite 14**

Hier geht's zu den

Grundlagen Bauen

Grundlagen Bauen

Möbel selber bauen

Um diese Möbel zu bauen, sind keine handwerklichen Erfahrungen notwendig. Such dir ein Projekt aus und es kann direkt losgehen. Je mehr Bauteile ein Objekt hat, desto komplexer und zeitaufwendiger ist auch das Nachbauen, allerdings dauert die Planung und Vorbereitung länger als die eigentliche Montage der Bauteile – und das Zusammenbauen macht dann auch am meisten Spaß!

Massive Holzmöbel im Laden haben ihren Preis. Für ungefähr 12 € kannst du einen Hocker selber bauen! Bei manchen der Bauprojekte kommt eine besondere Ausstattung hinzu, wie die Möbelrollen, die an die Spielzeugkiste oder an den Schreibtisch montiert werden. Diese Rollen sind ab ca. 4 € pro Stück erhältlich – jedoch können die Preise je nach Anbieter stark variieren.

Wenn du dein Bauprojekt geplant, alle Bauteile besorgt und montiert hast, kommt am Ende ein Möbelstück raus, das einzigartig ist und dich ab jetzt Tag für Tag begleiten wird!

Wo baut man, wenn man keine Werkstatt hat?

Zum Möbelbauen brauchst du weder eine Werkstatt noch große Maschinen. Weil dabei manchmal Späne fliegen oder Leim
kleben bleibt, ist es gut, wenn du einen Ort hast, der schmut-
zig werden darf und an dem auch mal was halb Fertiges liegen
bleiben kann, wie z. B. ein Kellerraum oder eine Garage. Wenn
du dein Kinderzimmer mit Planen oder Papier auslegst, kannst
du auch da problemlos bauen.

Gemeinsam bauen

Bauen zu zweit oder zu mehreren macht mehr Spaß und er-
leichtert zudem die Arbeit, weil man sich absprechen kann.
Das Verbinden von Holzteilen z. B. ist recht knifflig, wenn man
nur zwei Hände hat. Zu zweit ist es deutlich einfacher: Der eine
hält die Bauteile fest und der andere schraubt sie zusammen.

Was kannst du – was sollte ein Erwachsener übernehmen?

In diesem Buch gibt es nur zwei Handgriffe, die unbedingt von
Erwachsenen übernommen werden müssen:

1. Den Rand des Eimers beim Sockenbasketball mit einem schar-
fen Messer abtrennen.

2. Mit einem Forstnerbohrer die großen Löcher bei der Kistentrommel, der Tischlampe und der Spielzeugkiste bohren.

Bei allem anderen gilt: Trau dich, plane,
bevor du anfängst, zu sägen, zu bohren oder
zu schrauben und hab vor allem viel Spaß dabei.

Ein paar Tipps vorab

Material einkaufen

Im Baumarkt kannst du die nötigen Baumaterialien kaufen und dir die Holzplatten gleich auf die exakte Größe zuschneiden lassen. Am besten nimmst du die Bauanleitung zum Zuschnitt mit, so kann sich die Person an der Säge an den angegebenen Maßen orientieren.

Am Wochenende ist es in den Baumärkten oft sehr voll und es gibt lange Warteschlangen vor dem Zuschnitt. Falls möglich, erledigst du den Holzeinkauf besser an einem anderen Tag.

Markierungen anzeichnen

Wenn du die Position von Bohrlöchern oder die Position eines anderen Bauteils anzeichnen möchtest, ist es wichtig, dass du sehr genau arbeitest. Am besten geht das mit einem spitzen Bleistift, einem Maßband und einem Anschlag- oder Stahlwinkel.

1.
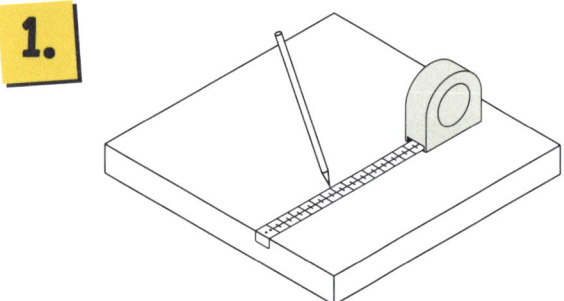

Abstand des Bohrlochs von der Brettkante anzeichnen

2.
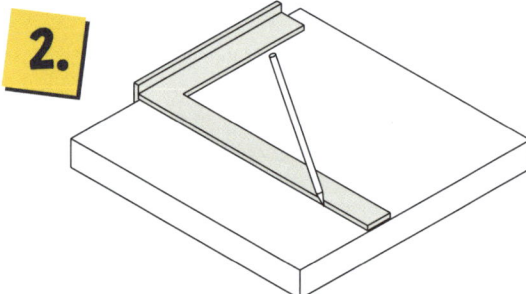

Mit Winkel und Bleistift eine Linie zeichnen

3.
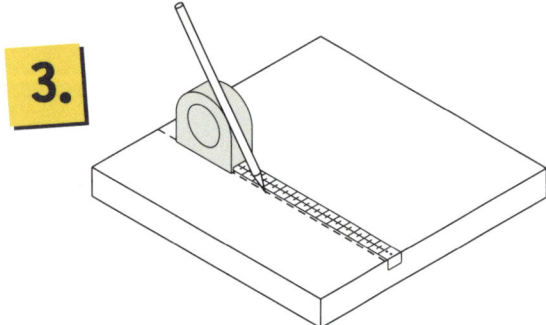

Abstand des Bohrlochs von der anderen Brettkante anzeichnen

4.
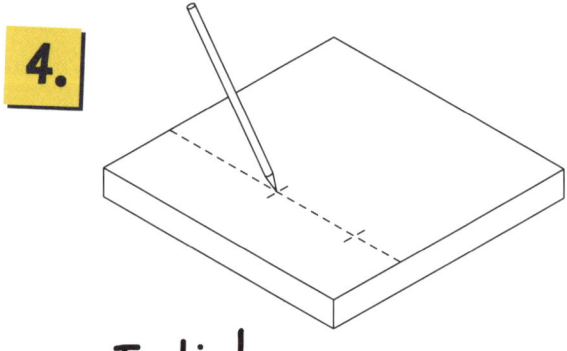

Fertig!

Teile verbinden

Wenn du zwei Holzteile miteinander verbinden willst, legst du einen Holzklotz oder Winkel an, damit nichts verrutscht und die Verbindung gerade wird.

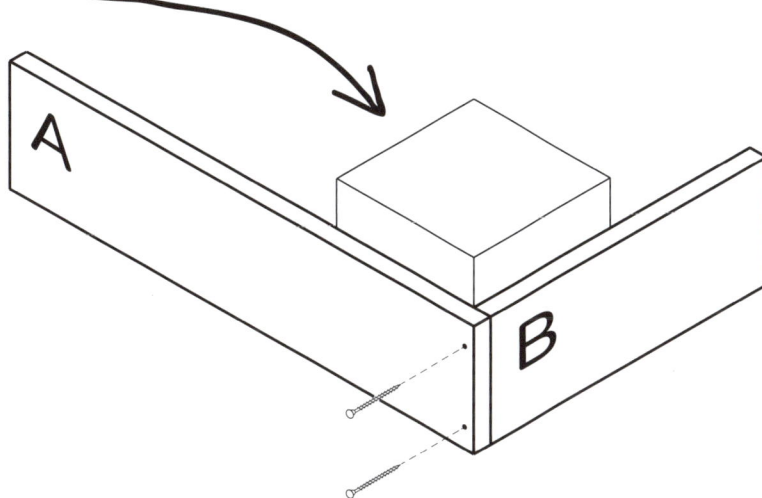

Kanten glätten

Damit sich später niemand einen Splitter einfängt, kannst du alle fertigen Möbelstücke mit Schleifpapier entgraten (glätten). Mit Schleifpapier werden übrigens auch alle angezeichneten Bleistiftlinien am Ende entfernt, denn Schleifpapier ist der „Radiergummi" des Schreiners.

Möbelstücke gestalten

Im Buch findest du alle Möbel in schlichtem Rohzustand. Wenn du sie in Holzoptik belassen möchtest, kannst du Leinöl oder Wachs auftragen, dadurch erhalten sie einen seidigen Glanz und werden widerstandsfähiger. Finger- oder Fußabdrücke lassen sich dann auch leichter abwischen. Magst du dein Möbelstück lieber bunt, kannst du es bemalen, lackieren oder bekleben. Zum Lackieren nimmst du speziellen Holz- oder Möbellack. Achte darauf, dass er keine giftigen Inhaltsstoffe enthält. Öko-Lacke, die mit der Angabe DIN EN 71-3 gekennzeichnet sind, gelten als gesundheitlich unbedenklich.

Wenn du dein Möbelstück mit Papier bekleben willst, kannst du mit Seidenpapier besonders schöne Effekte erzielen. Bestreiche das Holz zuerst mit Holzleim und klebe dann das Papier auf. Anschließend streichst du Öko-Klarlack darüber, damit die Oberfläche robuster wird.

Holz als Werkstoff

Kiefernholz

Die meisten Möbel in diesem Buch sind aus Kiefernholz gebaut. Kiefern sind heimische Bäume, deren Holz sich leicht bearbeiten lässt, es hat ein geringes Gewicht und ist preisgünstig.

MDF-Platten

Auch MDF-Platten kommen bei unseren Möbeln zum Einsatz, z. B. im Innern des Schränkchens. MDF bedeutet mitteldichte Holzfaserplatte. Die Platten werden aus Holzfasern oder Spänen gepresst und sind leicht zu verarbeiten. Weil die Platten jedoch empfindlich auf Feuchtigkeit reagieren und Fingerabdrücke leicht sichtbar werden lassen, sollten sie vor Gebrauch unbedingt geölt oder gewachst werden.

Siebdruckplatten

Eine Siebdruckplatte besteht aus mehreren Lagen verleimtem und gepresstem Sperrholz, das mit Kunstharz beschichtet wurde. Für die Kistentrommel und den Stuhl haben wir Siebdruckplatten verwendet, weil sie besonders fest und stabil sind.

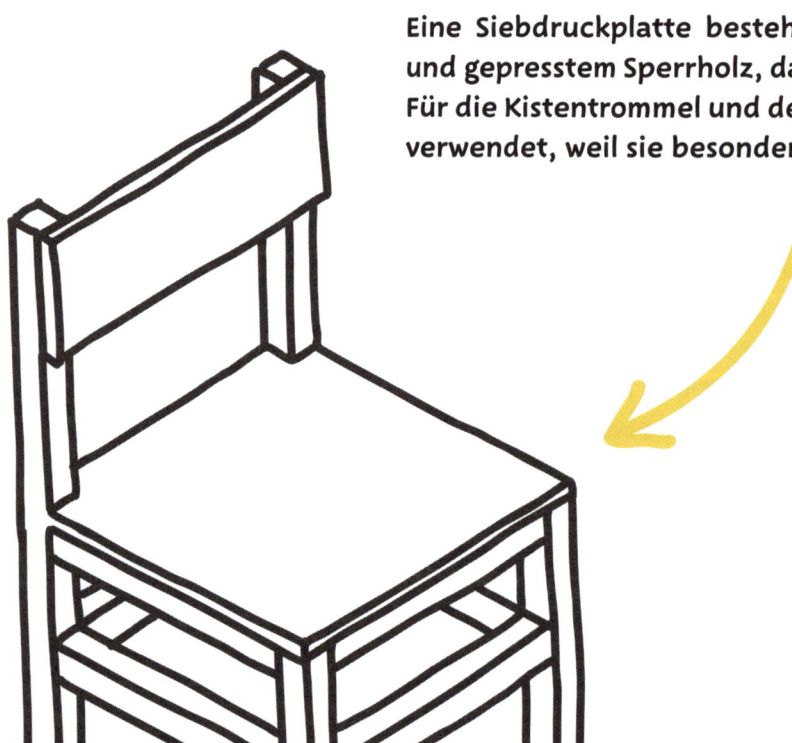

Mit dem **Akkuschrauber** kannst du Bohren und Schrauben, je nachdem, welchen Aufsatz du wählst. Vor dem ersten Einsatz übst du am besten erst mal an einem alten Holzstück.

Größere Löcher ab ø 10 mm werden mit einem **Forstnerbohrer** („Astlochbohrer") als Aufsatz gebohrt. Wegen der Verletzungsgefahr durch die Fräse sollte das in jedem Fall ein Erwachsener machen!

Für feinere Arbeiten, bei denen ein Akkuschrauber zu grob wäre, brauchst du einen **Schraubendreher**. Es gibt Schlitz- und Kreuzschlitzschraubendreher – je nachdem, welche Form die Schraube hat.

3 mm

Holzschrauben verwendest du, um Holzteile miteinander zu verbinden. Es gibt sie in vielen verschiedenen Durchmessern und Längen. Gekennzeichnet sind sie zum Beispiel mit „3 × 35 mm".
Die „3" steht für den Durchmesser und „35 mm" ist die Angabe für die Länge.

35 mm

Hier kommen auch Schrauben zum Einsatz, auf die eine passende **Mutter** gedreht wird. Sie sind zusätzlich mit einem großen „M", wie „Maschinengewinde", gekennzeichnet. Die passende Mutter dazu ist ebenfalls mit einem „M" versehen. Um eine Mutter festzuziehen, brauchst du einen passenden **Schraubenschlüssel**.

Mutter

Wenn du dir im Baumarkt die Holzplatten bereits hast zusägen lassen, benötigst du für die „Feinarbeit" zu Hause nur eine **Feinsäge** (Holzsäge), um beim Stuhl oder bei der Werkbank Winkel auszusägen.

Mit einem **Hammer** schlägst du Nägel ein, wenn du zum Beispiel das Wandregal oder die Bilderleiste an der Wand befestigen willst. Wenn es mit dem Hämmern nicht gleich geklappt hat, ziehst du mit einer **Zange** den krummen Nagel aus der Wand wieder raus und versuchst es noch einmal …

Ein **Maßband** oder einen **Gliedermaßstab** verwendest du, um die Positionen der Bohrlöcher genau auszumessen.

Mit dem **Stahl- oder Anschlagwinkel** überprüfst du, ob zwei Bauteile auch wirklich in einem rechten Winkel zueinander stehen, oder zeichnest präzise Linien auf. Am besten nimmst du dafür einen spitzen Bleistift. Bohrlöcher kennzeichnest du übrigens mit einem Kreuzchen – genau in der Mitte wird dann gebohrt.

Um die Holzoberfläche deines Möbelstücks zu glätten und die Kanten zu entgraten, benutzt du **Schleifpapier** mit der Körnung 80 und 120.

Mit einem **Tacker** kannst du dünne Materialien, wie zum Beispiel die Stoffstücke beim Raumteiler, befestigen.

„Eine Kiste, in die ich alles Mögliche reinpacken kann, wäre praktisch."

Spielzeug-kiste

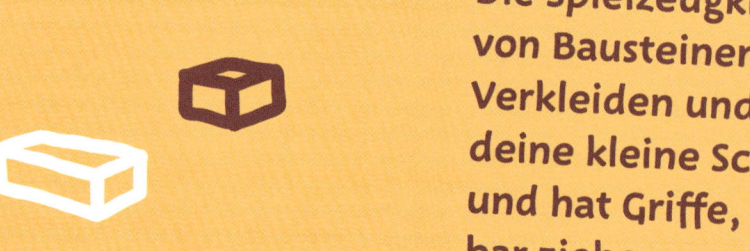

Die Spielzeugkiste bietet Platz für hunderte von Bausteinen, zig Stofftiere, Kostüme zum Verkleiden und deinen kleinen Bruder oder deine kleine Schwester. Sie steht auf Rollen und hat Griffe, so lässt sie sich auch wunderbar ziehen – mit oder ohne Passagier.

• Das brauchst du! •

Material:

Leimholz Kiefer, 18 mm dick:

    2 x **Bauteil A**: 40,0 cm x 65,0 cm ◯

    2 x **Bauteil B**: 36,4 cm x 40,0 cm ◯

    1 x **Bauteil C**: 40,0 cm x 65,0 cm ◯

    1 x **Bauteil D**: 36,4 cm x 61,4 cm ◯

    2 x **Bauteil E**: 34,0 cm x 4,0 cm ◯

4 Möbelrollen:

    2 Lenkrollen mit Befestigungsplatten ◯

    2 Bockrollen ◯

Kistenband 300 mm x 40 mm ◯

2 Stück Seil ø 10 mm, je 40 cm lang ◯

Schrauben:

    20 Kreuzschlitzschrauben, 3 x 18 mm ◯

    26 Kreuzschlitzschrauben, 3 x 40 mm ◯

    24 Kreuzschlitzschrauben mit
    Rundkopf, 5 x 18 mm ◯

7 cm

7 cm

Werkzeug:

Akkuschrauber ◯

Bohrer, ø 3 mm und ø 10 mm ◯

Forstnerbohrer, ø 35 mm ◯

Winkel ◯

Maßband / Gliedermaßstab ◯

Holzleim ◯

Schleifpapier, 80er ◯

Bleistift ◯

So geht's:

Spielzeug-kiste

So geht's:

Alle Maße in cm

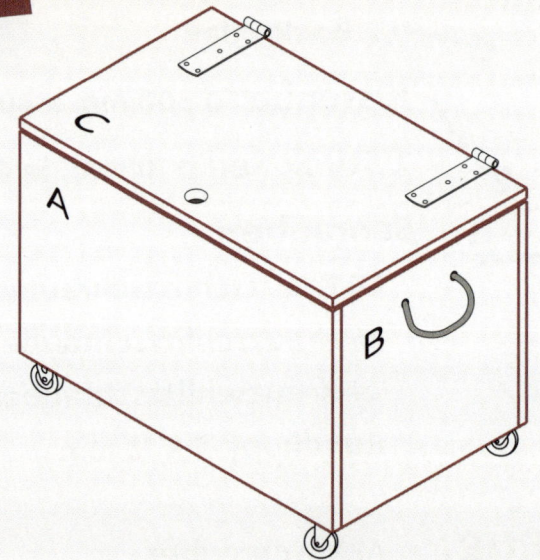

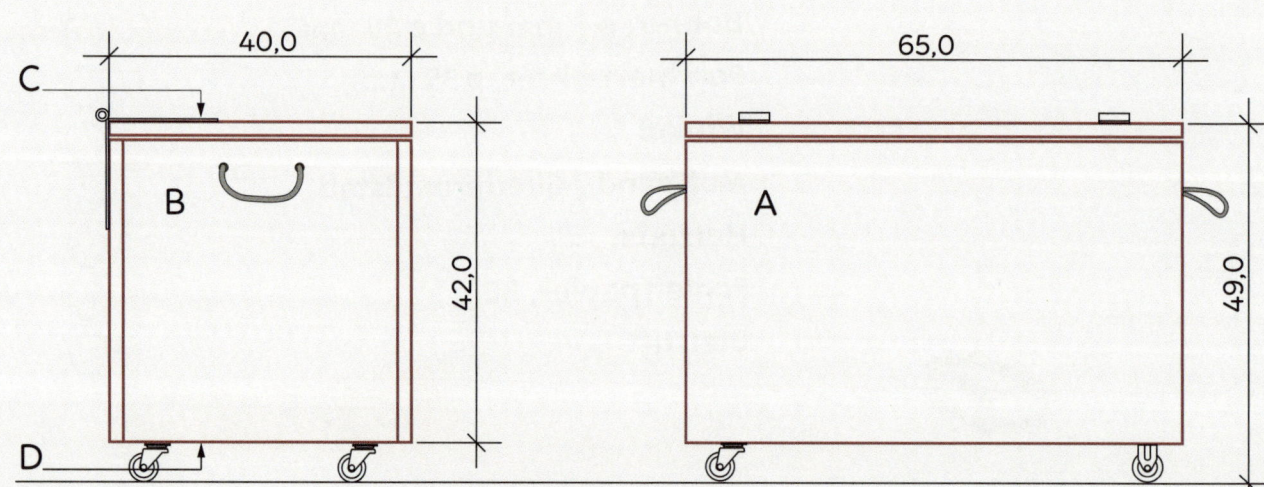

C · 40,0

B

42,0

D

65,0

A

49,0

Position der Bohrlöcher:

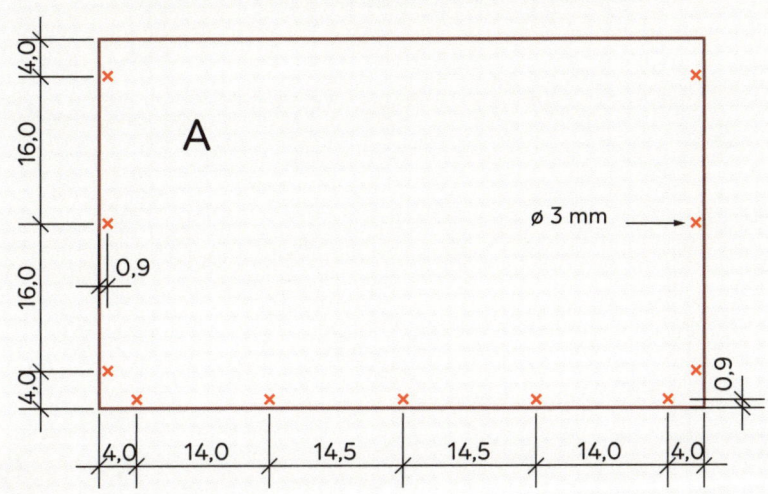

A

ø 3 mm

0,9

0,9

4,0 · 16,0 · 16,0 · 4,0

4,0 · 14,0 · 14,5 · 14,5 · 14,0 · 4,0

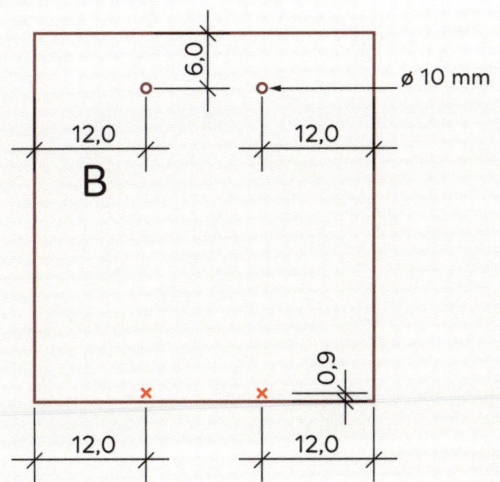

B

6,0

12,0 · 12,0

ø 10 mm

0,9

12,0 · 12,0

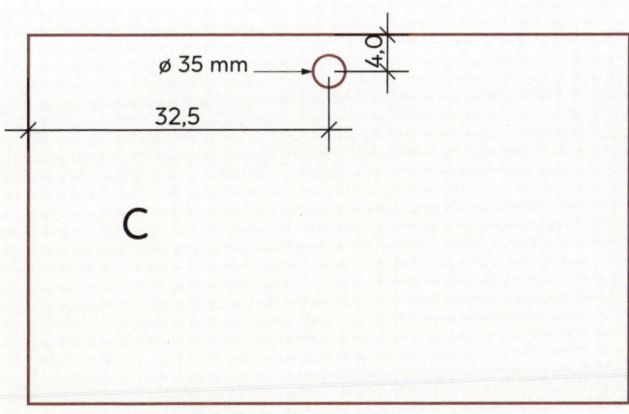

C

ø 35 mm

4,0

32,5

!!!

Das Loch im Deckel sollte von einem Erwachsenen gebohrt werden wegen Verletzungsgefahr!

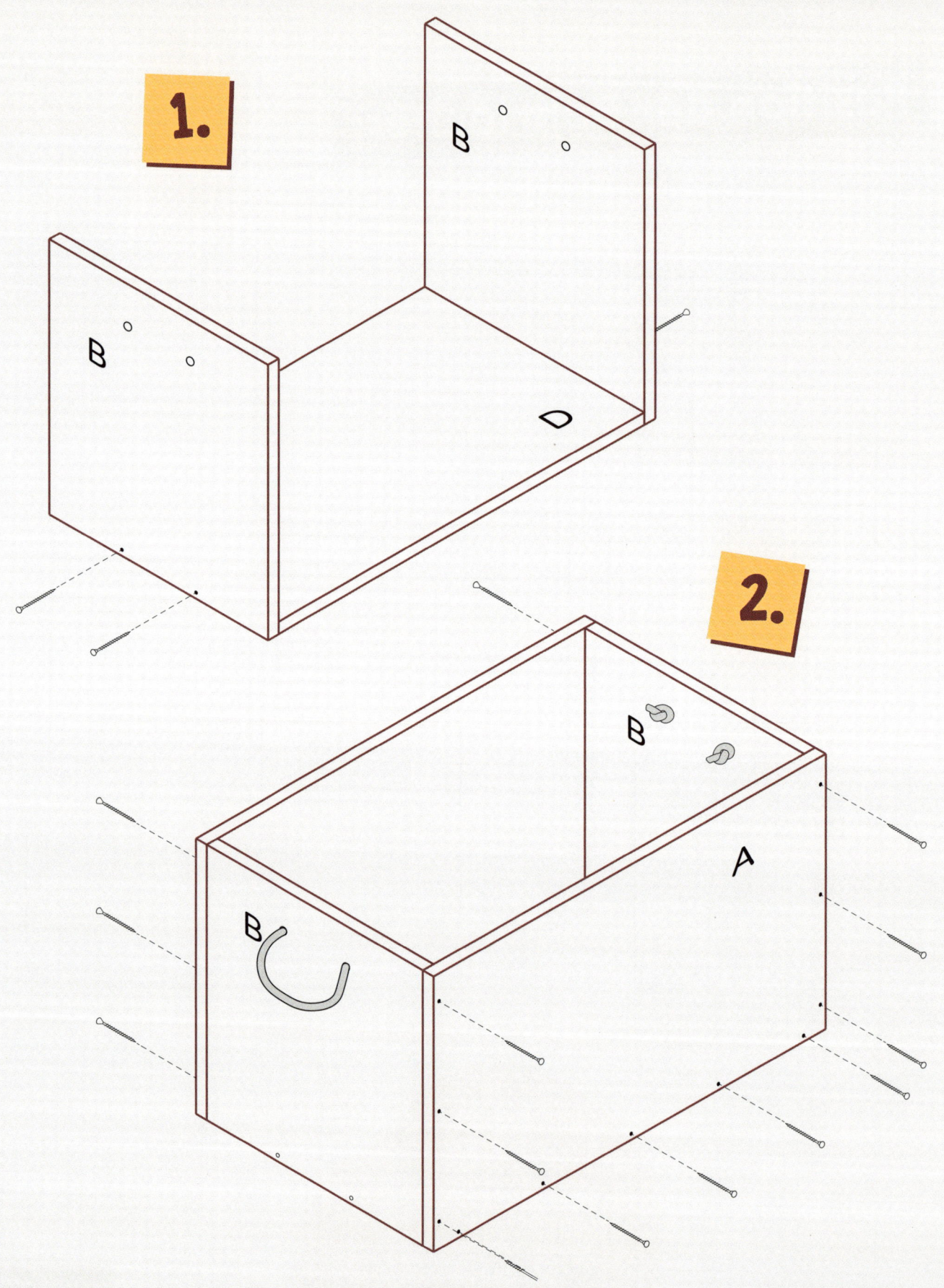

3.

Die Leisten auf die Unterseite des Deckels leimen und schrauben

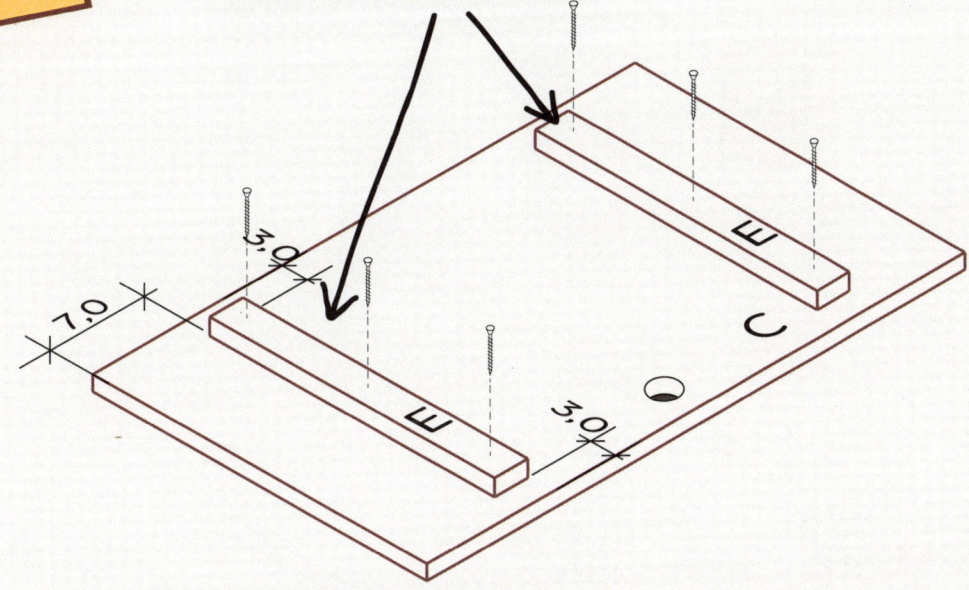

4.

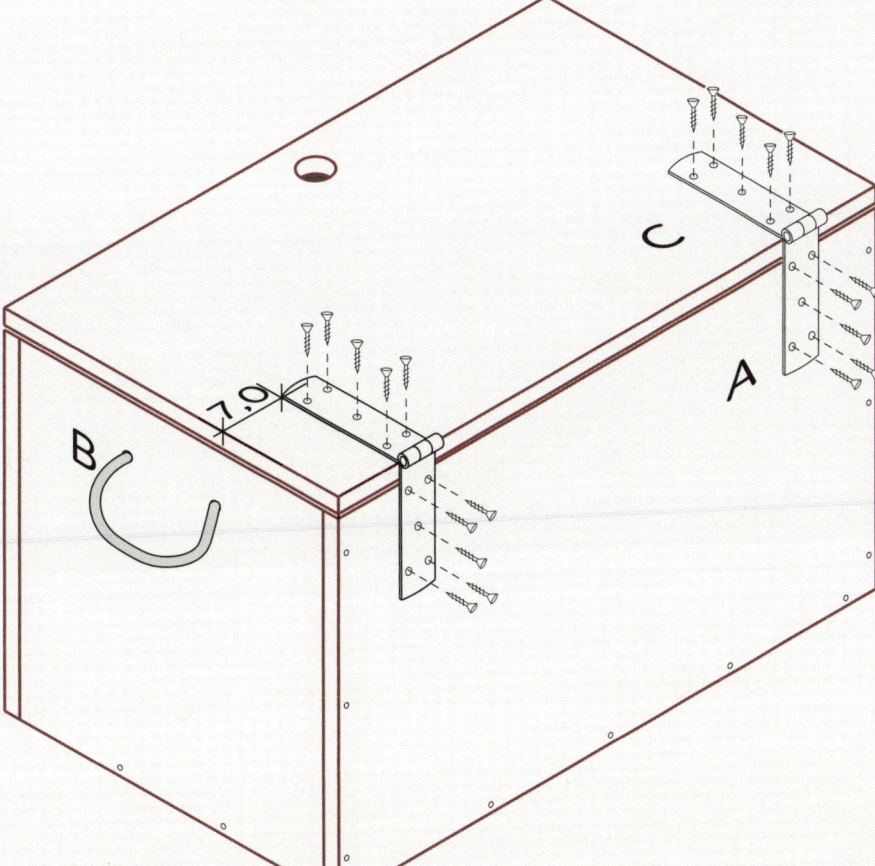

5.

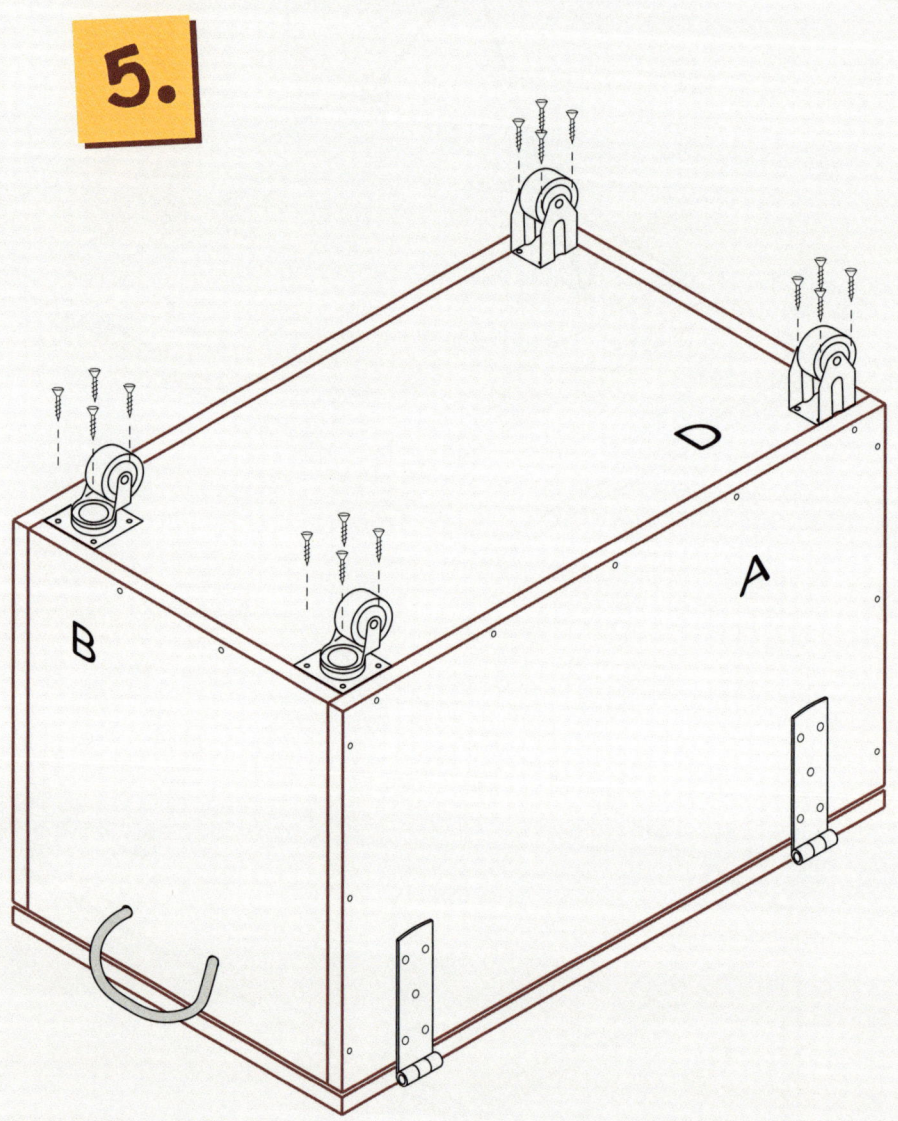

Wandelbarer Hocker

Dieses Möbelstück ist so schlicht wie clever: Einerseits hast du einen Hocker, drehst du ihn um, wird daraus ein kleiner Sessel mit Rücken- und Armlehne. Stabil, wie er ist, kannst du ihn zum Sitzen, Draufstehen, Turnen oder auch als Tischchen verwenden. Baust du den Hocker mehrmals und stapelst ihn, hast du ein Regal.

Material:

Leimholz Kiefer, 18 mm dick:

2 × Bauteil A: **34,0 cm × 40,0 cm**   ○

1 × Bauteil B: **30,4 cm × 31,0 cm**   ○

1 × Bauteil C: **30,4 cm × 34,0 cm**   ○

16 Kreuzschlitzschrauben, 3 × 35 mm   ○

Werkzeug:

Akkuschrauber   ○

Bohrer, ø 3 mm   ○

Schleifpapier, 80er   ○

Winkel   ○

Maßband / Gliedermaßstab   ○

Bleistift   ○

So geht's:

Wandelbarer Hocker

Alle Maße in cm

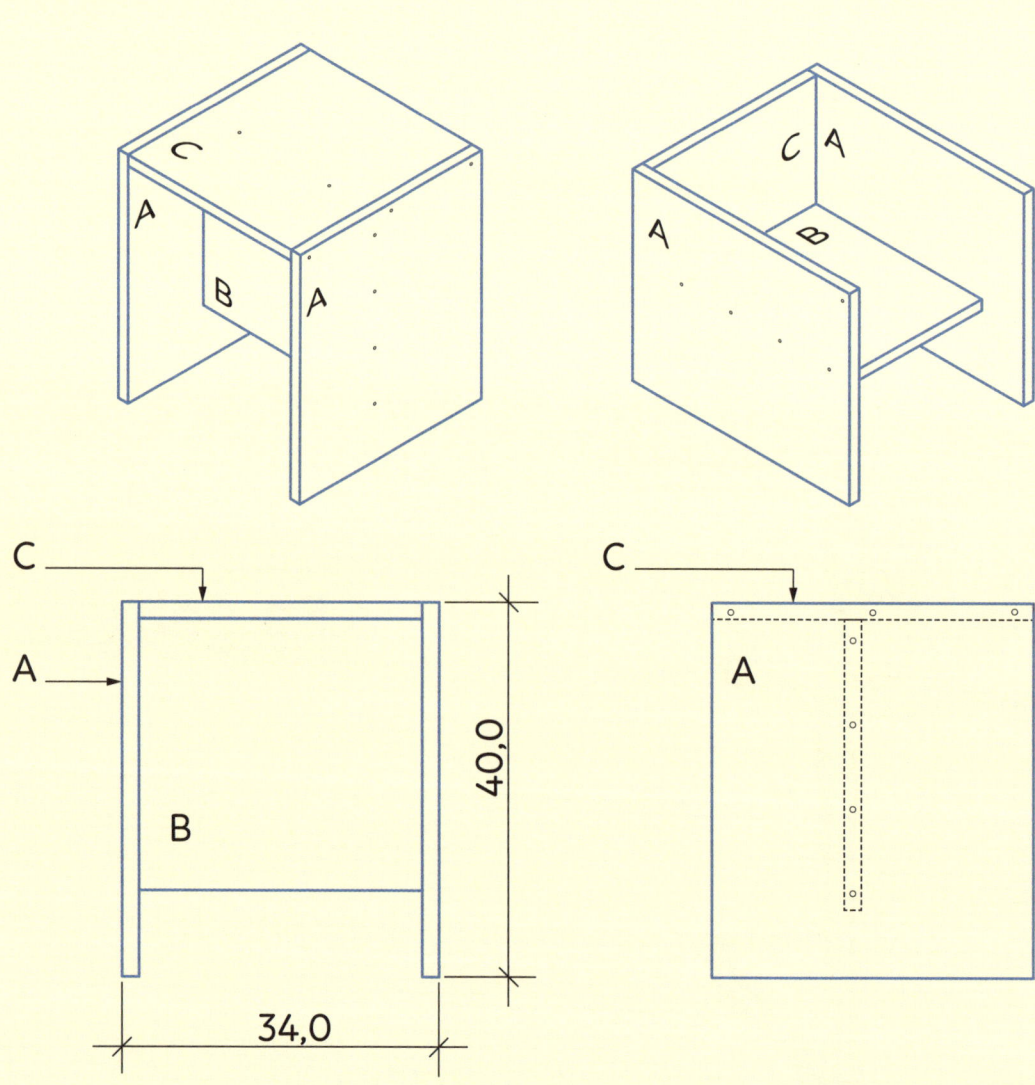

C

A

B

40,0

34,0

C

A

Position der Bohrlöcher:

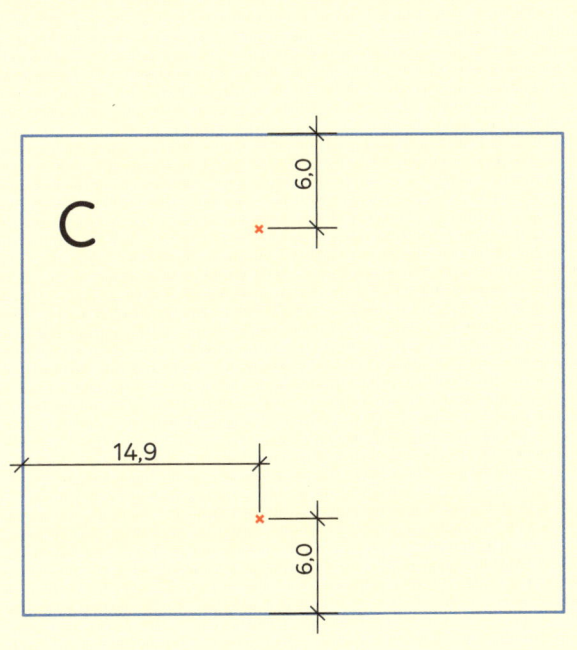

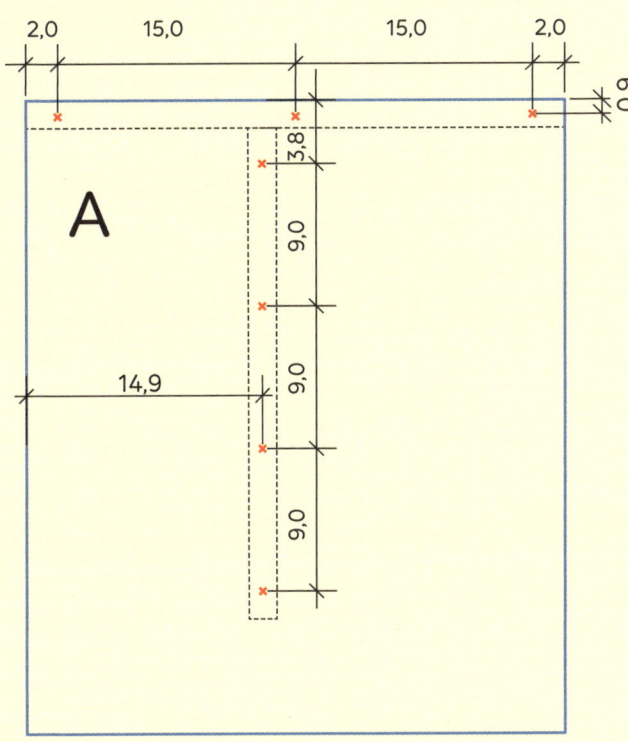

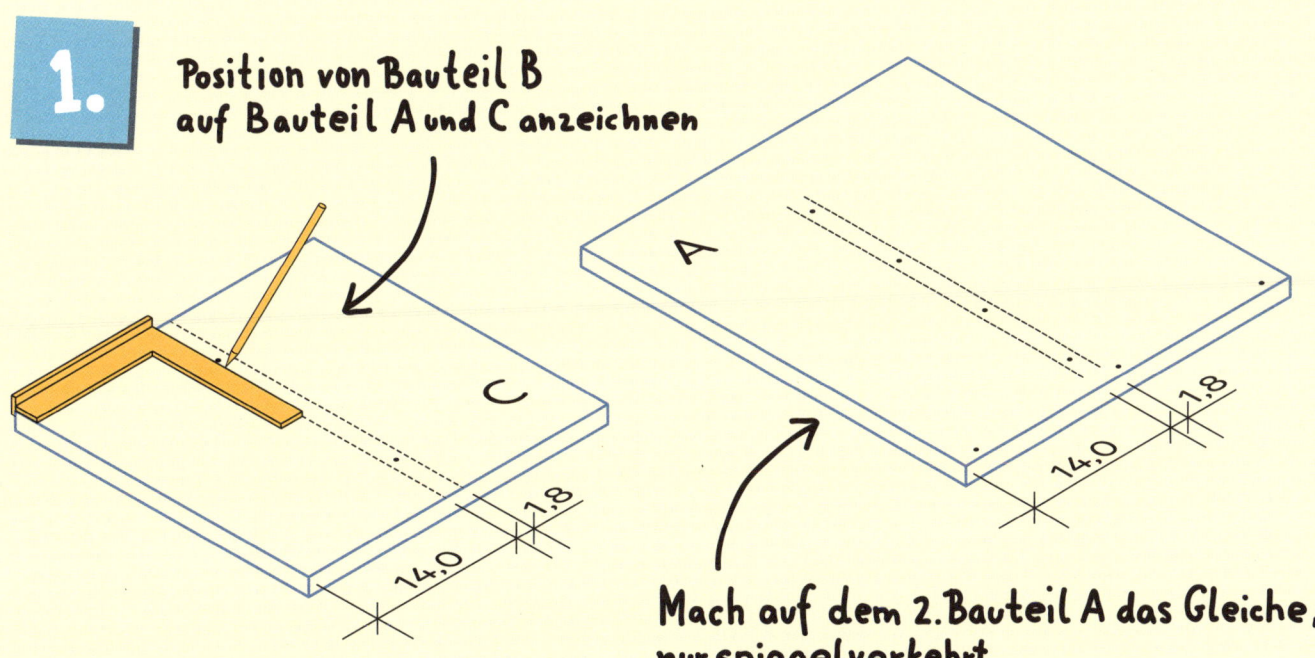

1. Position von Bauteil B
auf Bauteil A und C anzeichnen

Mach auf dem 2. Bauteil A das Gleiche,
nur spiegelverkehrt

Werkbank

Auf dieser Werkbank kannst du nach Herzenslust sägen, schrauben und leimen. Auch Schläge mit dem Hammer tun ihr nicht weh. So kannst du dich ganz auf's Bauen konzentrieren und musst nicht aufpassen, dass du irgendwelche Spuren hinterlässt oder etwas kaputtgeht.
Auf dem Zwischenboden legst du Werkzeug oder Baumaterialien ab.

• Das brauchst du! •

Material:

4 × **Bauteil A**: **Kantholz Fichte,**
5,8 cm × 5,8 cm × 72,0 cm ○

4 × **Bauteil B**: **Kantholz Fichte,**
5,8 cm × 5,8 cm × 48,4 cm ○

4 × **Bauteil C**: **Kantholz Fichte,**
5,8 cm × 5,8 cm × 108,4 cm ○

2 × **Bauteil D**: **Spanplatte,**
60 cm × 120 cm, 20 mm dick ○

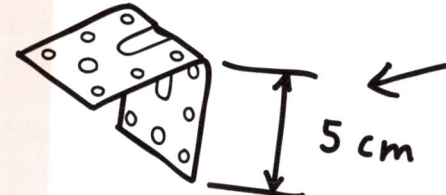

5 cm

16 Winkel ○

Kreuzschlitzschrauben mit Rundkopf, ○
5 × 20 mm

Kreuzschlitzschrauben, 4 × 30 mm ○

Werkzeug:

Akkuschrauber ○
Schleifpapier, 80er ○
Maßband / Gliedermaßstab ○
Bleistift ○
Winkel ○

So geht's: →

Werkbank

So geht's:

Alle Maße in cm

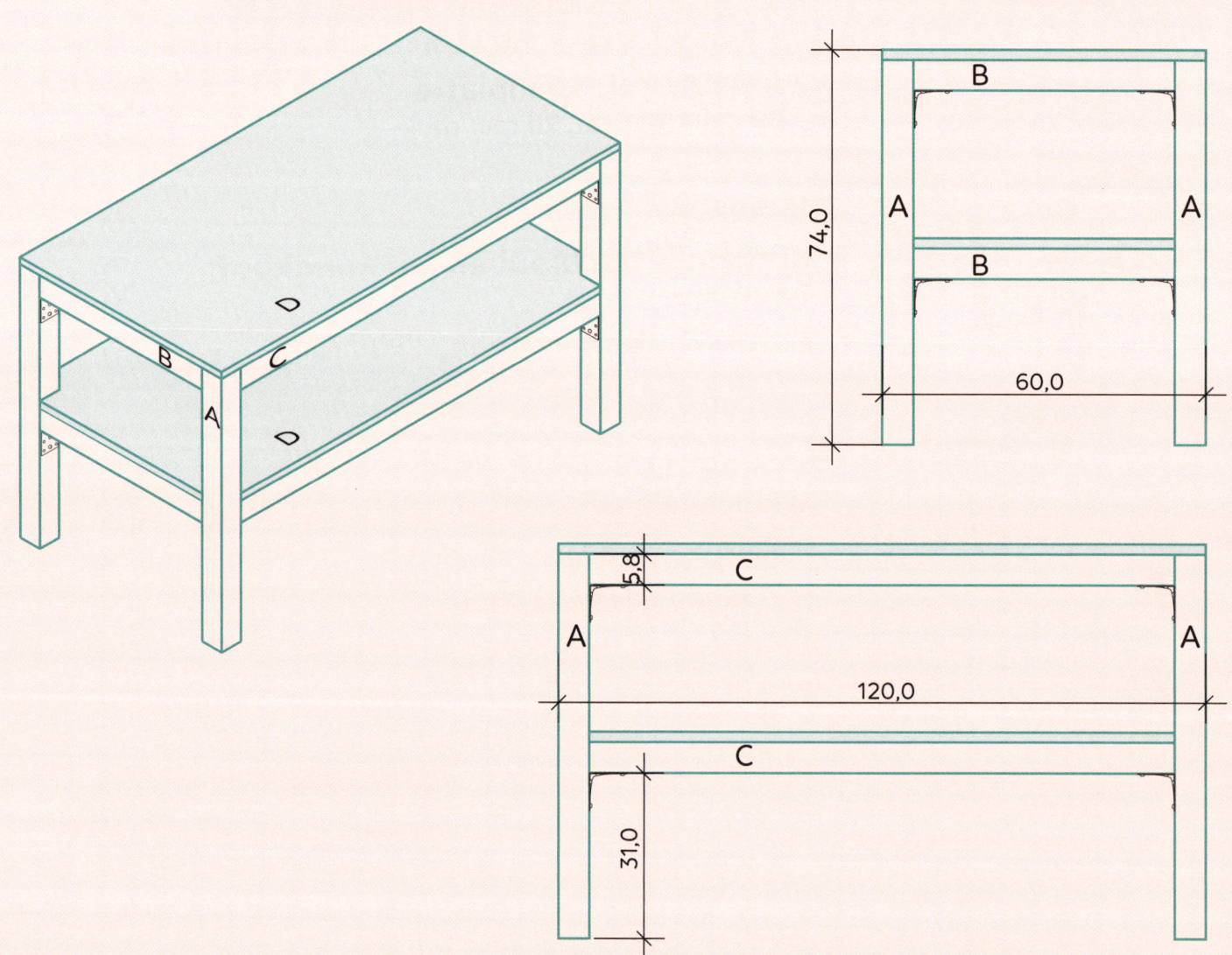

1.

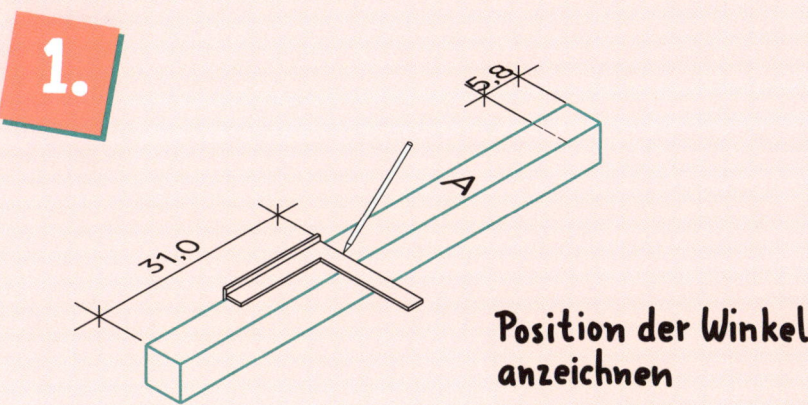

5,8

31,0

A

Position der Winkel
anzeichnen

2.

4 x

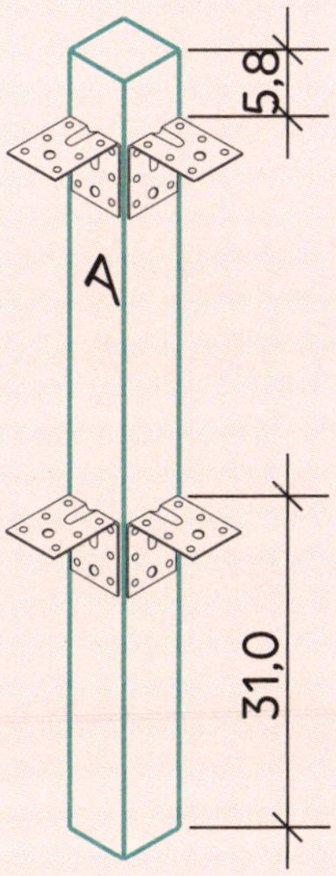

5,8

A

31,0

Winkel an Bauteil A
schrauben

3.

2x

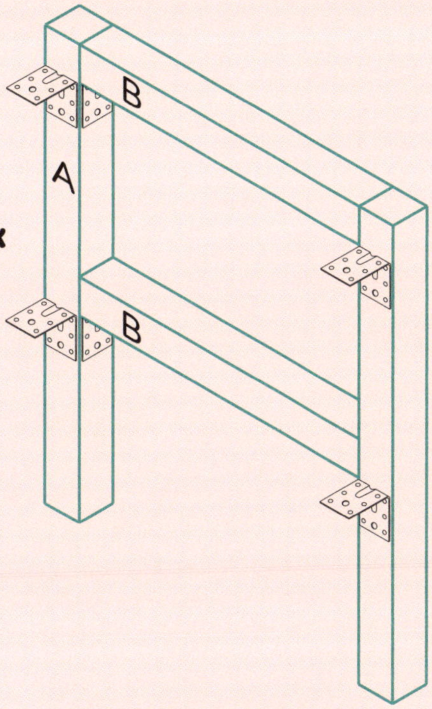

B

A

B

Bauteil B einfügen
und verschrauben

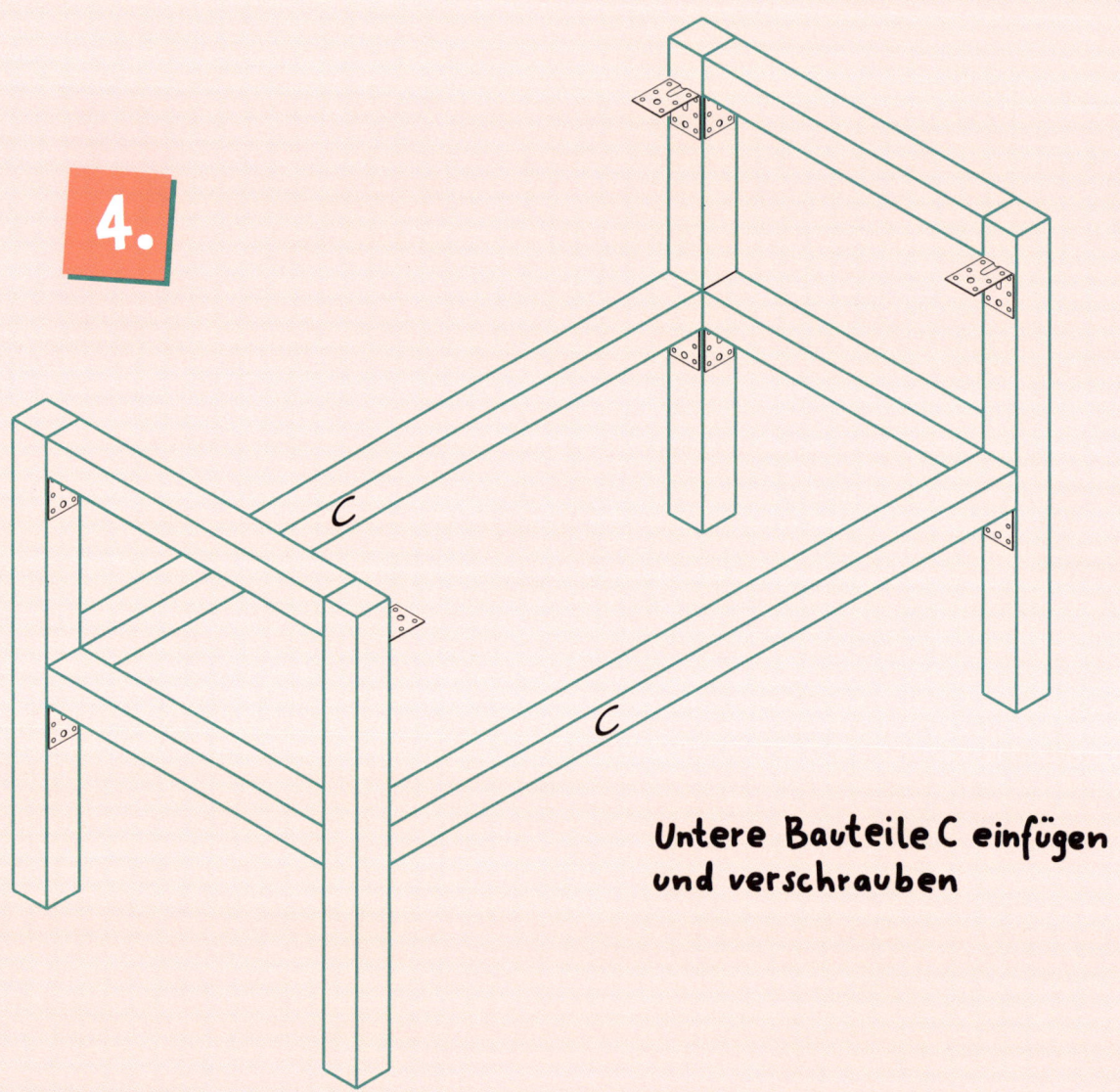

C

C

Untere Bauteile C einfügen
und verschrauben

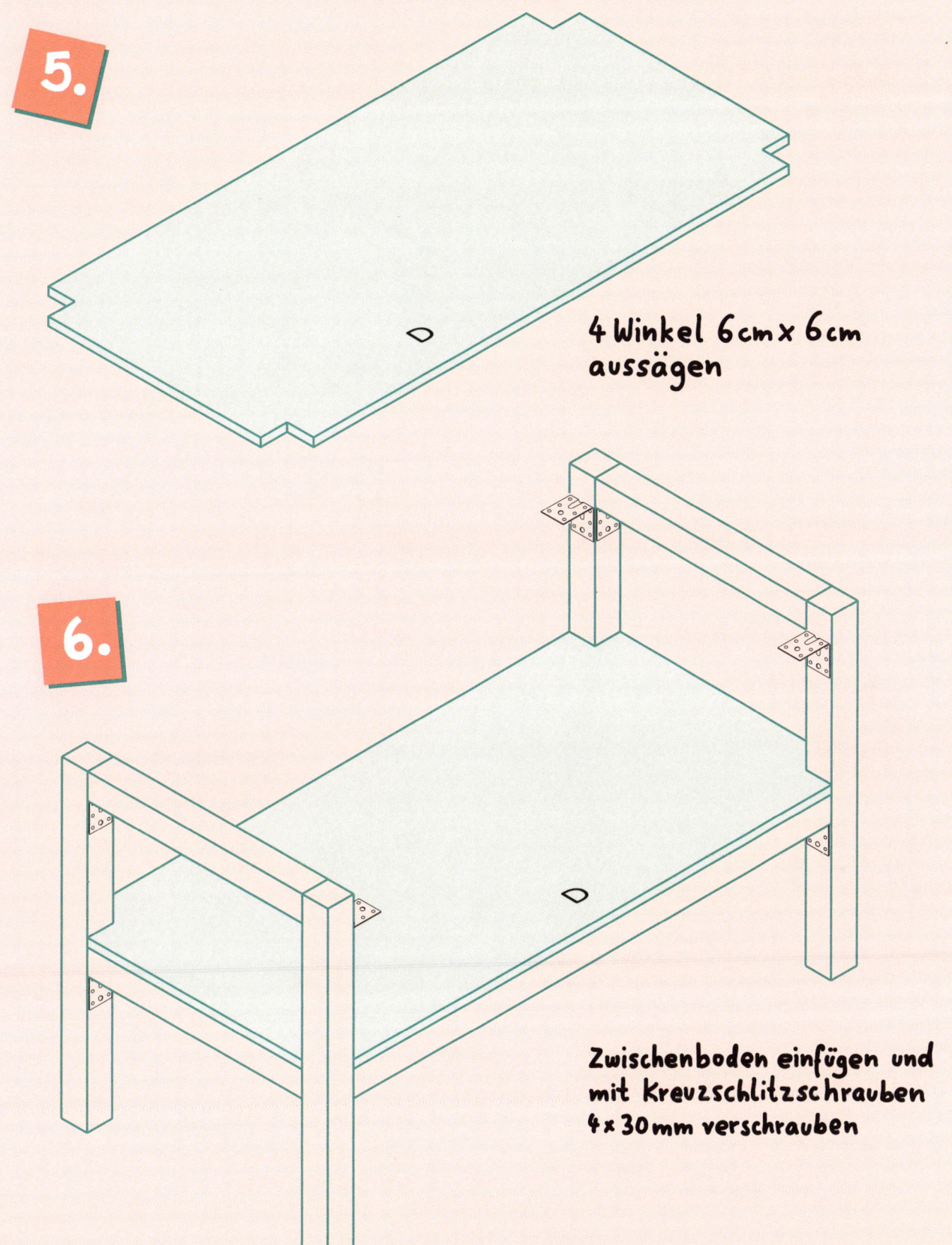

5.

4 Winkel 6cm x 6cm
aussägen

6.

Zwischenboden einfügen und
mit Kreuzschlitzschrauben
4 x 30mm verschrauben

7.

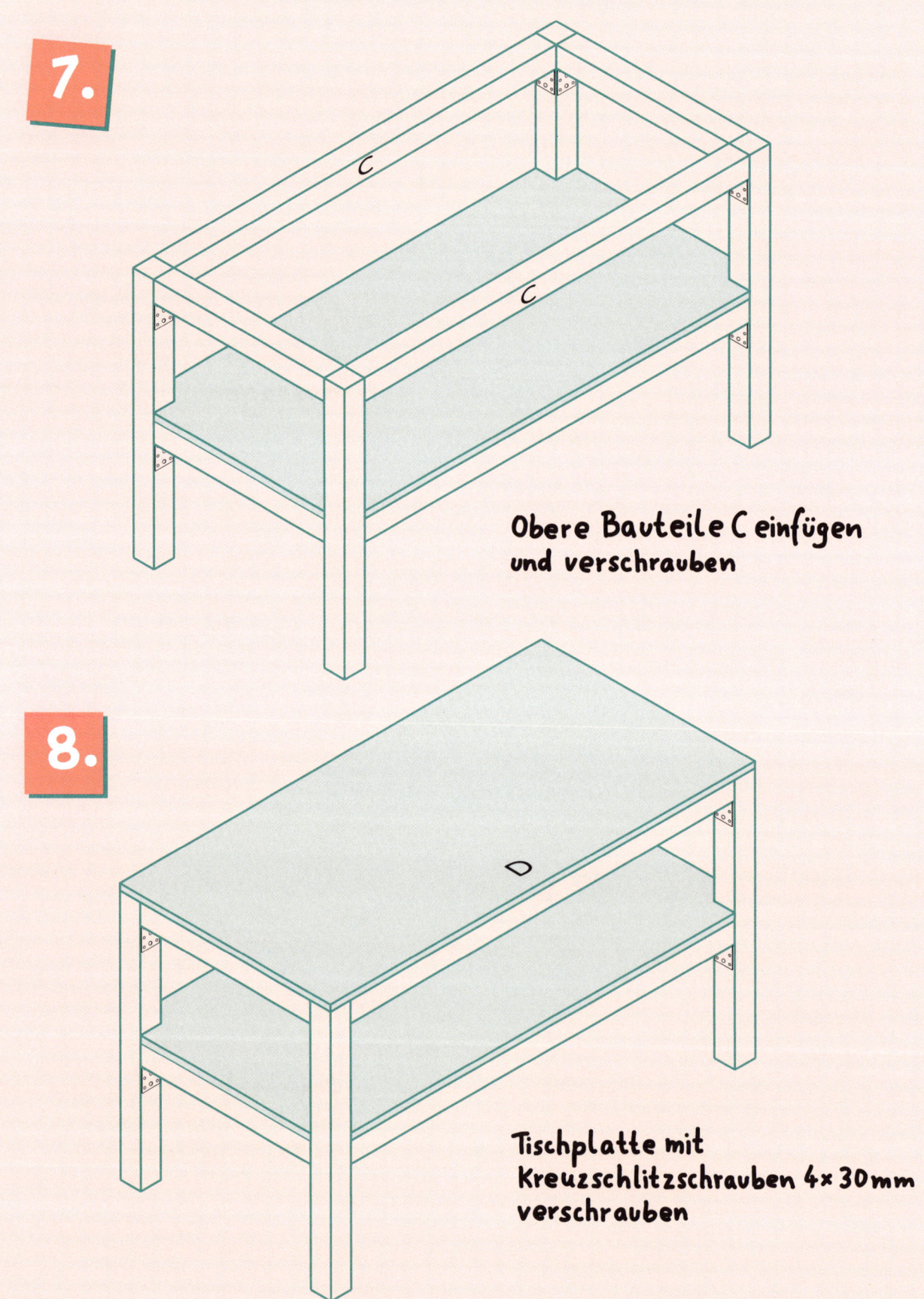

C

C

Obere Bauteile C einfügen
und verschrauben

8.

D

Tischplatte mit
Kreuzschlitzschrauben 4×30mm
verschrauben

„Ich wünsche mir einen Platz für meine Steine und Muscheln, damit ich sie immer anschauen kann."

Wandregal

Hast du im letzten Urlaub Strandgut gesammelt?
Oder suchst du einen Platz für Dinge, die du
besonders gernhast? Auf diesem Regal kannst
du deine Schätze sortieren und ausstellen.
Es ist leicht zu bauen, stabil und passt an jede Wand.

Material:

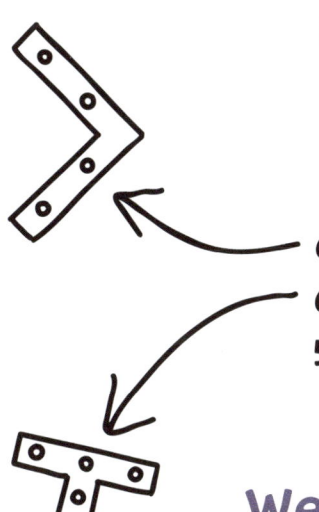

Leimholz Kiefer, 18 mm dick:
- 2 x Bauteil A: 50,0 cm x 12,0 cm
- 3 x Bauteil B: 30,0 cm x 12,0 cm

6 Flachwinkel, 7,5 cm x 7,5 cm
6 T-Verbinder, 5,0 cm x 7,0 cm
54 Kreuzschlitzschrauben, 3 x 18 mm

Werkzeug:

Akkuschrauber
Bohrer, ø 2 mm
Winkel
Maßband / Gliedermaßstab
Schleifpapier, 80er
Bleistift

TIPP!
Die Beschläge werden außen montiert, das ist einfacher, als sie innen zu verschrauben.

So geht's:

Wandregal

So geht's:

Alle Maße in cm

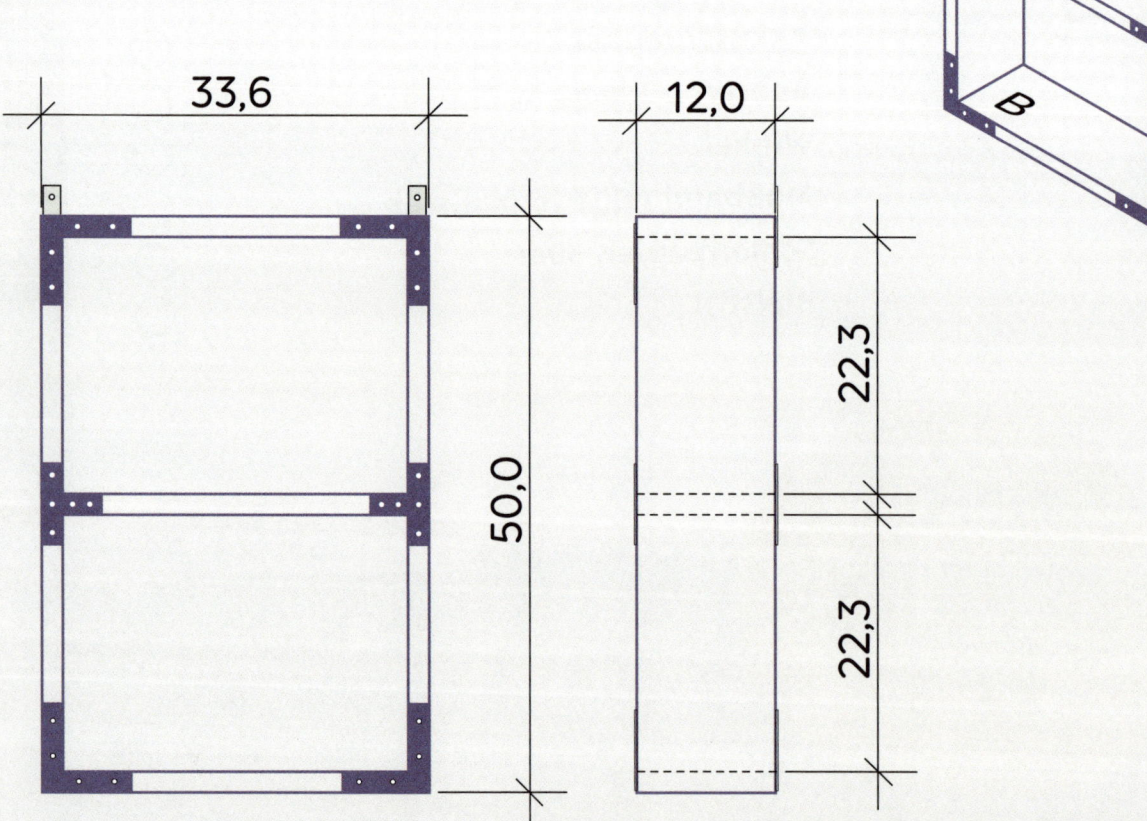

33,6

12,0

50,0

22,3

22,3

1. Ein Klotz hilft bei der Bestimmung des rechten Winkels

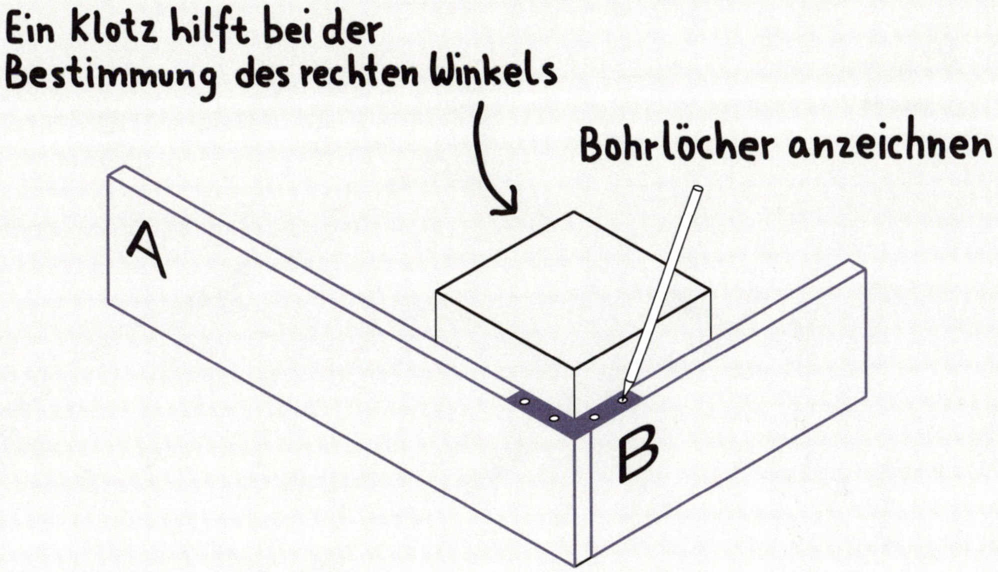

Bohrlöcher anzeichnen

A

B

2.

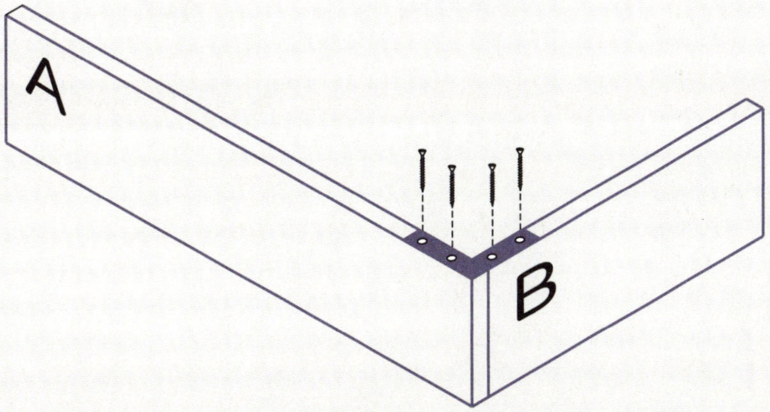

A

B

3.

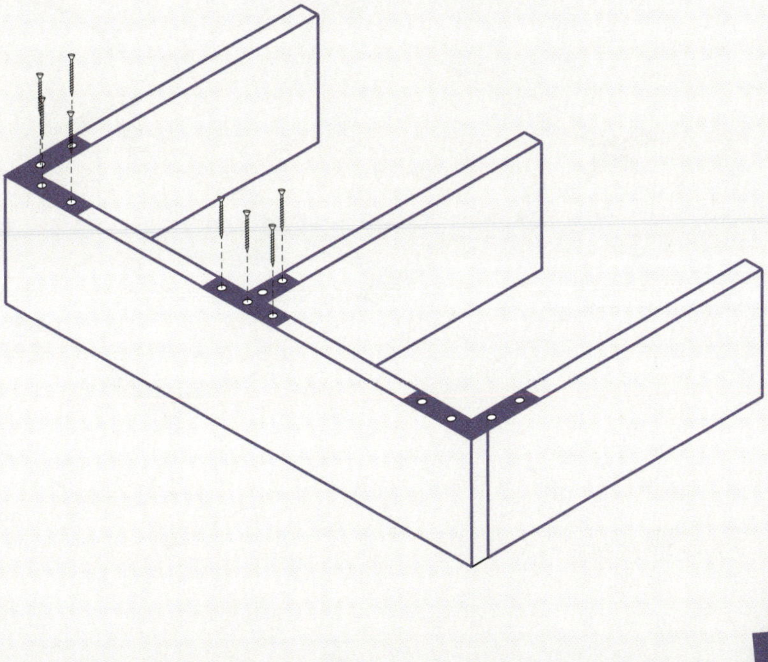

4.

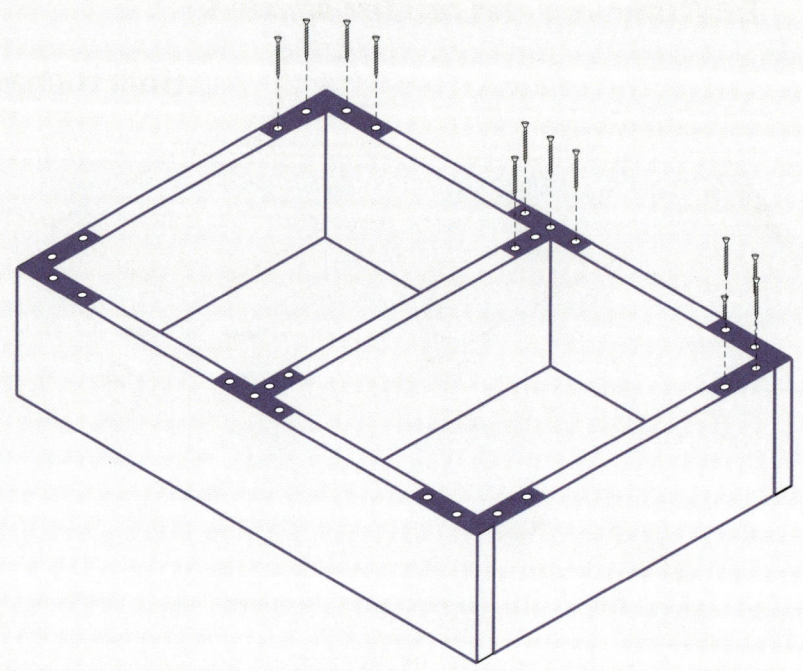

5.

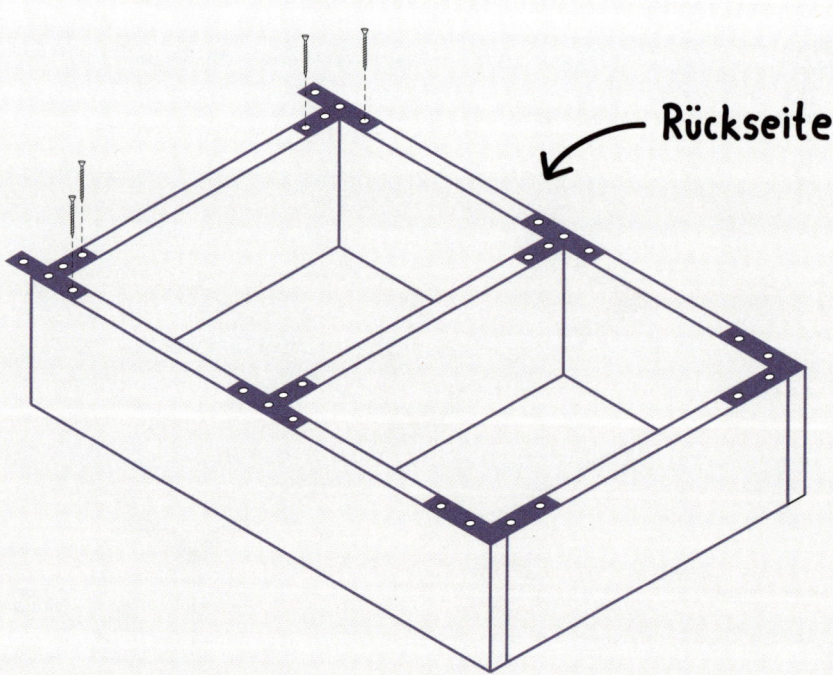

Rückseite

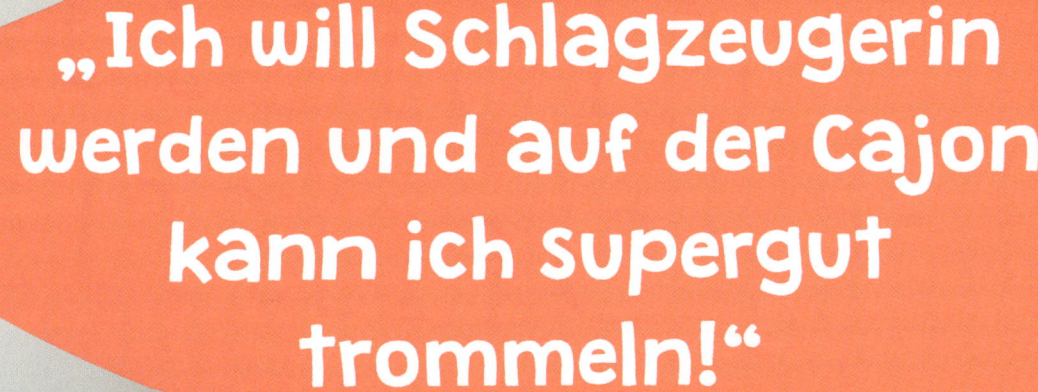

„Ich will Schlagzeugerin werden und auf der Cajon kann ich supergut trommeln!"

Kisten-trommel

Diese Kistentrommel ist eine echte Alleskönnerin: Hocker, Cajon und Spielzeugbox in einem. Wenn du mehrere baust, kannst du die Kisten auch stapeln. Mithilfe eines einfachen transparenten Gummischlauchs wird daraus eine Murmelbahn. Oder du nimmst einen Besenstiel und ein Bettlaken und du hast ein Puppentheater.

· Das brauchst du! ·

Material:

Siebdruckplatte, 12 mm dick:
- 2 x **Bauteil A:** 33,0 cm x 40,0 cm ○
- 2 x **Bauteil B:** 30,6 cm x 40,0 cm ○

Leimholz Kiefer, 18 mm dick:
- 1 x **Bauteil C:** 33,0 cm x 33,0 cm ○
- 1 x **Bauteil D:** 30,6 cm x 30,6 cm ○

2 x **Quadratstab Kiefer,**
10 mm x 10 mm, 30,4 cm lang ○

4 **Filzgleiter** mit Schraube, ø 20 mm ○

Werkzeug:

Akkuschrauber ○
Holzbohrer, ø 3 mm ○
Forstnerbohrer, ø 35 mm ○
Kreuzschlitzschraubendreher ○
24 Kreuzschlitzschrauben, 3,5 x 30 mm ○
Schleifpapier, 80er und 120er ○
Holzleim ○
4 Nägel, ca. 20 mm lang ○
Winkel ○
Maßband / Gliedermaßstab ○
Bleistift ○

So geht's:

Kisten- trommel

So geht's:

Alle Maße in cm

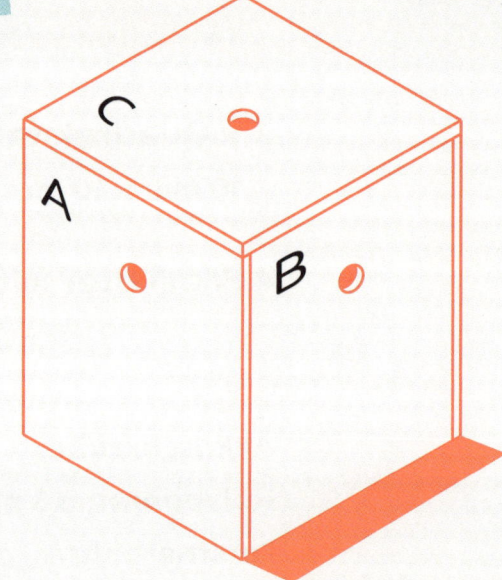

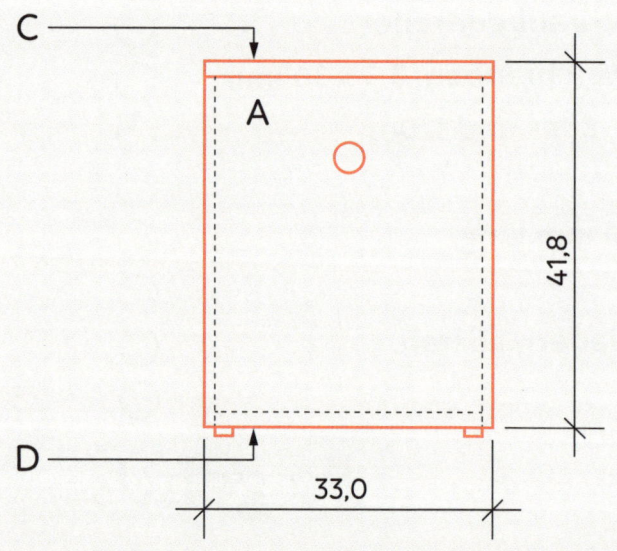

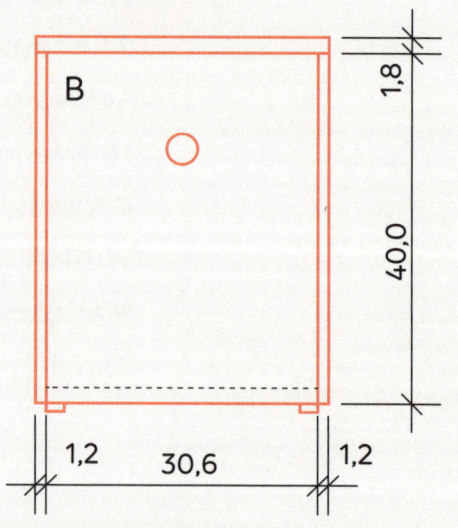

Position der Bohrlöcher, Leisten und Filzgleiter:

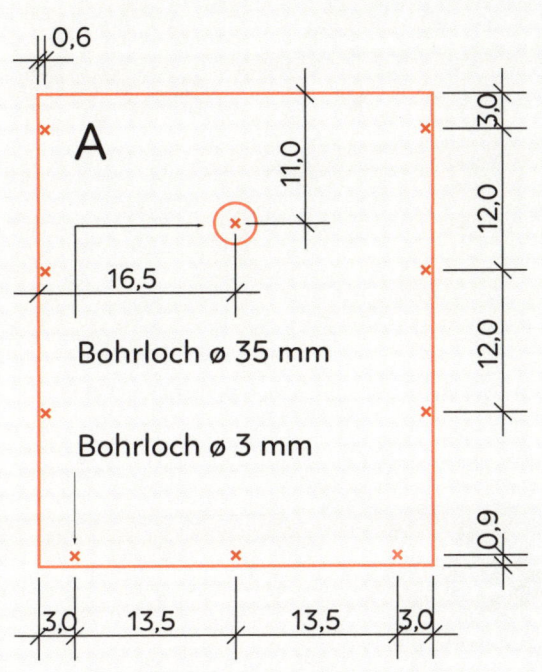

A

0,6

16,5

11,0

3,0

12,0

12,0

0,9

Bohrloch ø 35 mm

Bohrloch ø 3 mm

3,0 13,5 13,5 3,0

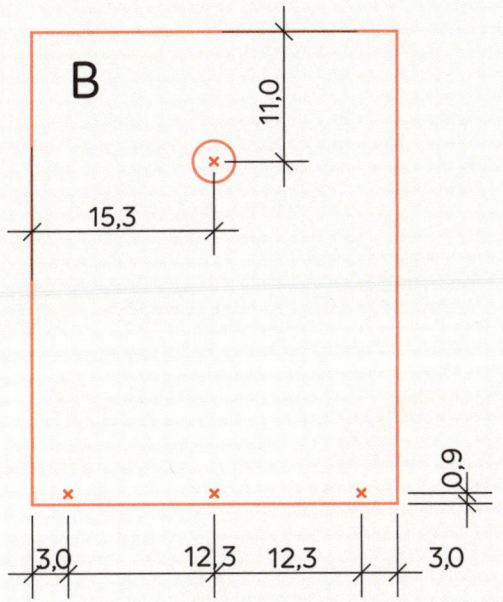

B

15,3

11,0

0,9

3,0 12,3 12,3 3,0

Leisten mit etwas Leim und kleinen Nägeln befestigen

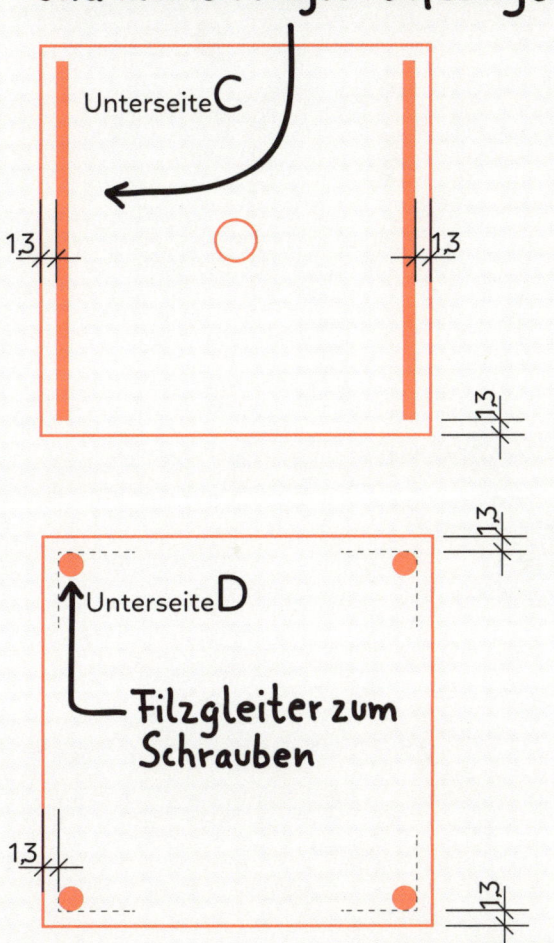

Unterseite C

1,3   1,3

1,3

1,3

Unterseite D

Filzgleiter zum Schrauben

1,3

1,3

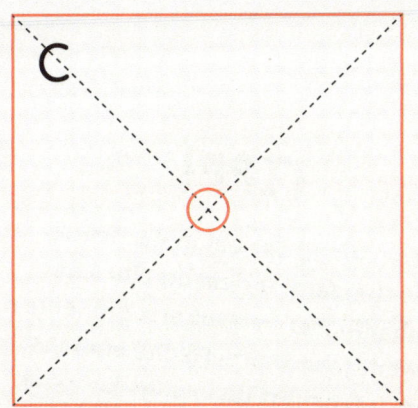

C

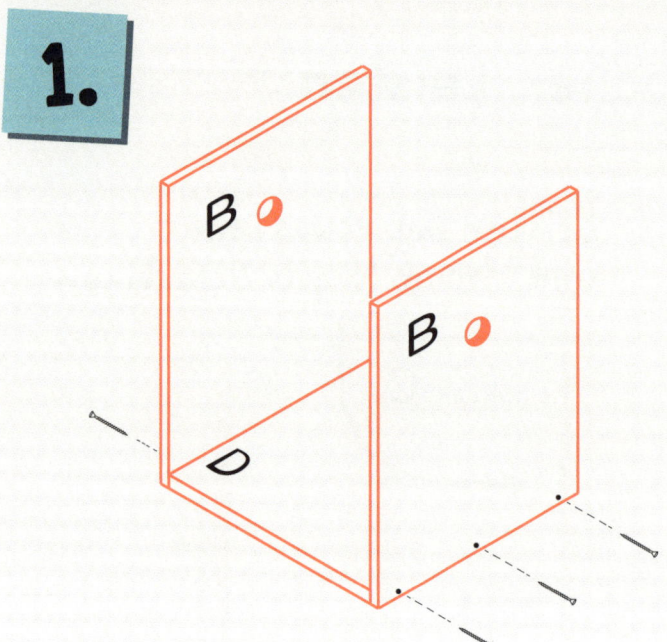

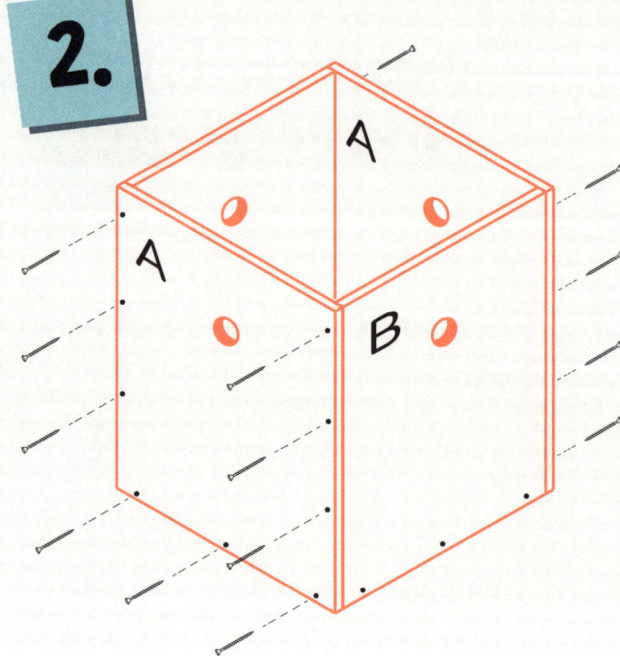

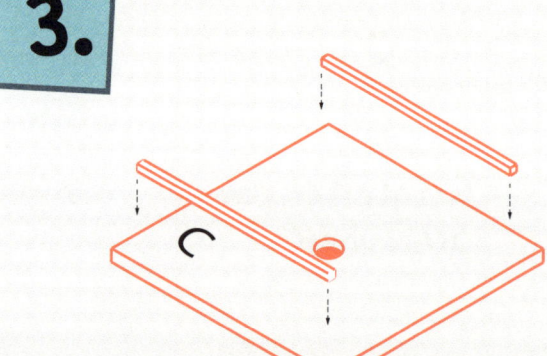

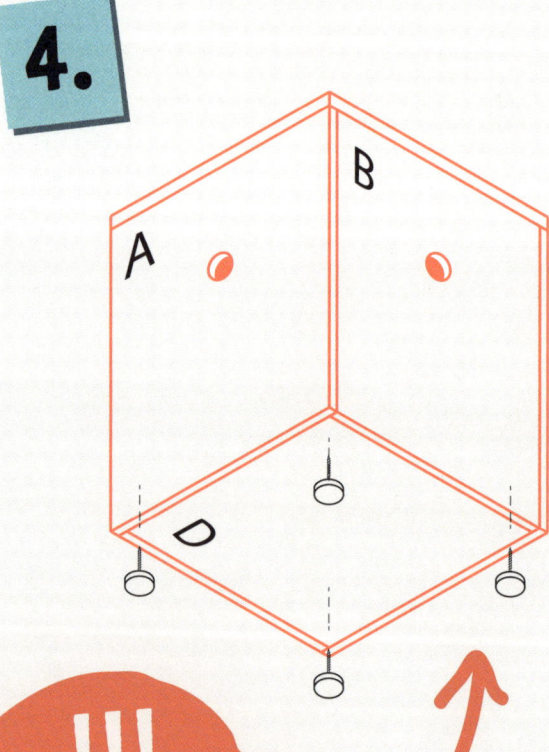

TIPP!

Den Klang der Cajon kannst du verbessern, indem du eines der Schalllöcher vergrößerst und eine metallische Snare-Fläche einbaust. Die bekommst du im Musikhandel.

!!!

Die Löcher sollten von einem Erwachsenen gebohrt werden wegen Verletzungsgefahr!

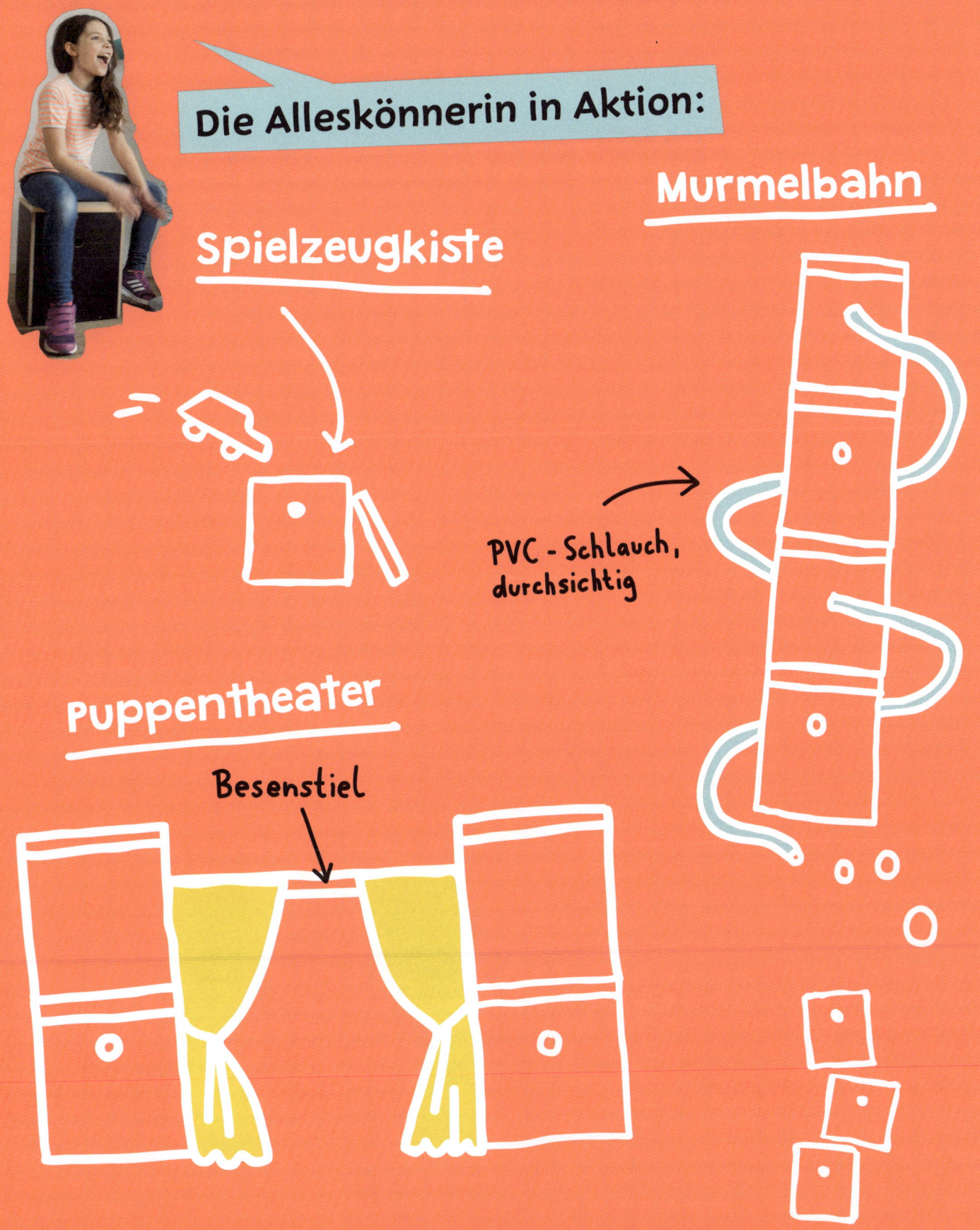

Die Alleskönnerin in Aktion:

Murmelbahn

Spielzeugkiste

PVC - Schlauch, durchsichtig

Puppentheater

Besenstiel

„Meine Geschwister können ganz schön nerven, da will ich auch mal meine Ruhe haben."

Raumteiler

Auch wenn du dir mit Geschwistern ein Zimmer teilst, kannst du mithilfe eines Raumteilers deine Privatsphäre schützen. So können ganz leicht Bereiche für Schlafen, Lesen, Spielen, Toben oder Kuscheln voneinander abgetrennt werden.
Der Raumteiler eignet sich außerdem zum Wechseln der Kostüme bei Theateraufführungen.

• Das brauchst du! •

Material:

6 **Rundhölzer Buche,**
ø 20 mm, 190 cm lang ○

12 **Gewindestangen M8,** 50 cm lang ○

24 **Gelenkrohrschellen,** 15–19 mm ○

9 **Stoffstücke,** 50,0 cm x 63,0 cm ○

4 **Lederriemchen mit Schnalle,**
20 cm lang ○

Werkzeug:

Kreuzschlitzschraubendreher ○

Winkel ○

Maßband / Gliedermaßstab ○

Tacker ○

Bleistift ○

So geht's:

Raumteiler

So geht's:

Alle Maße in cm

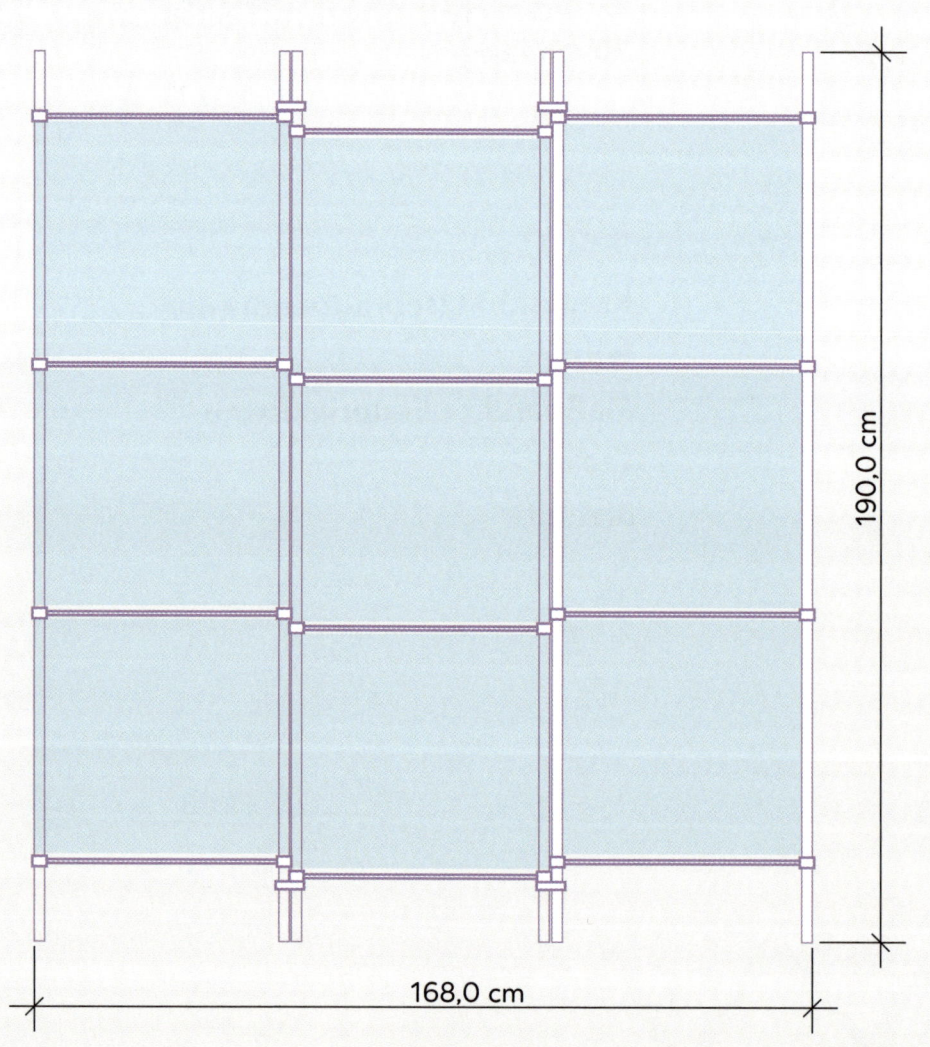

190,0 cm

168,0 cm

1.

Rohrschellen mit Gewindestab verschrauben

12×

2.

Position der Rohrschellen
auf Rundholz anzeichnen

6×

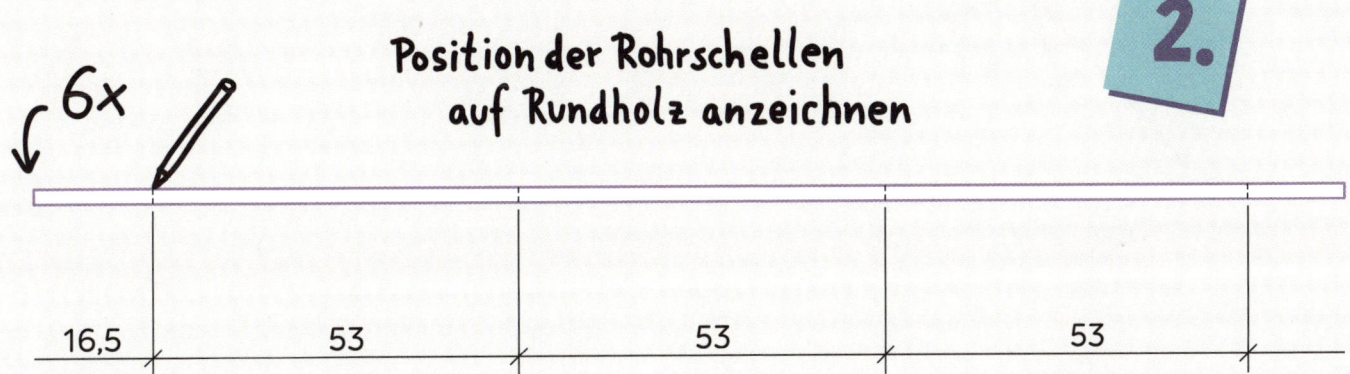

16,5   53   53   53

3.

Rundhölzer miteinander verbinden

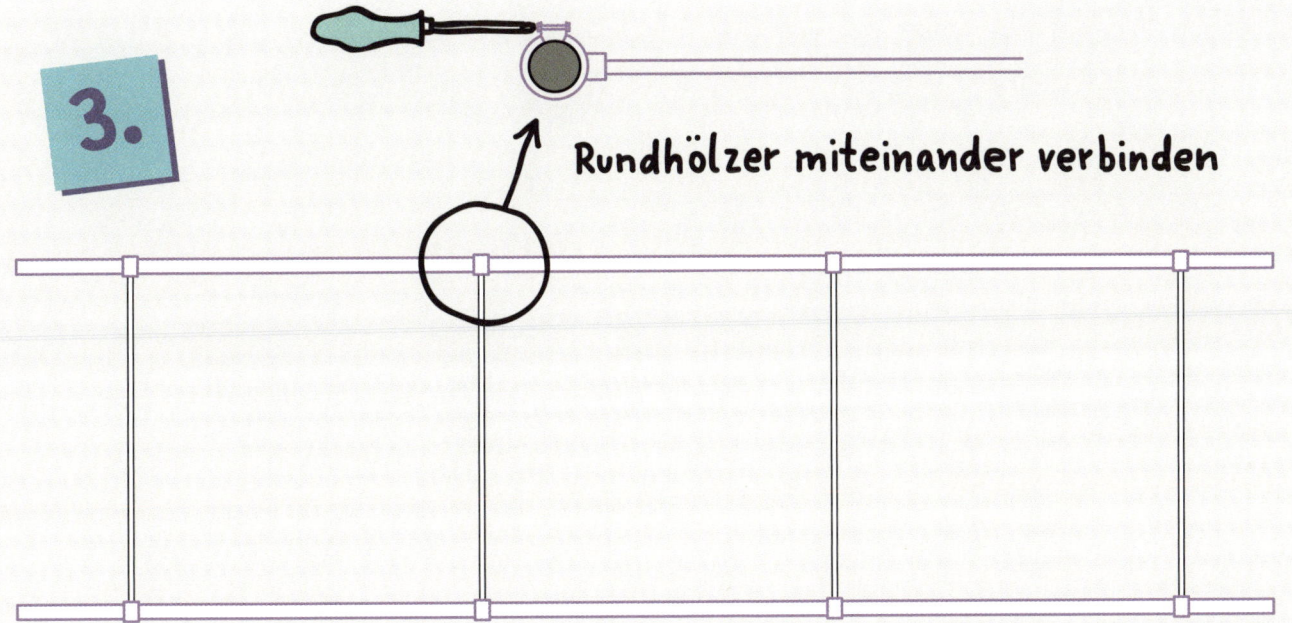

4. Stoffbahnen einmal um den Rundstab wickeln und mit einem Tacker befestigen

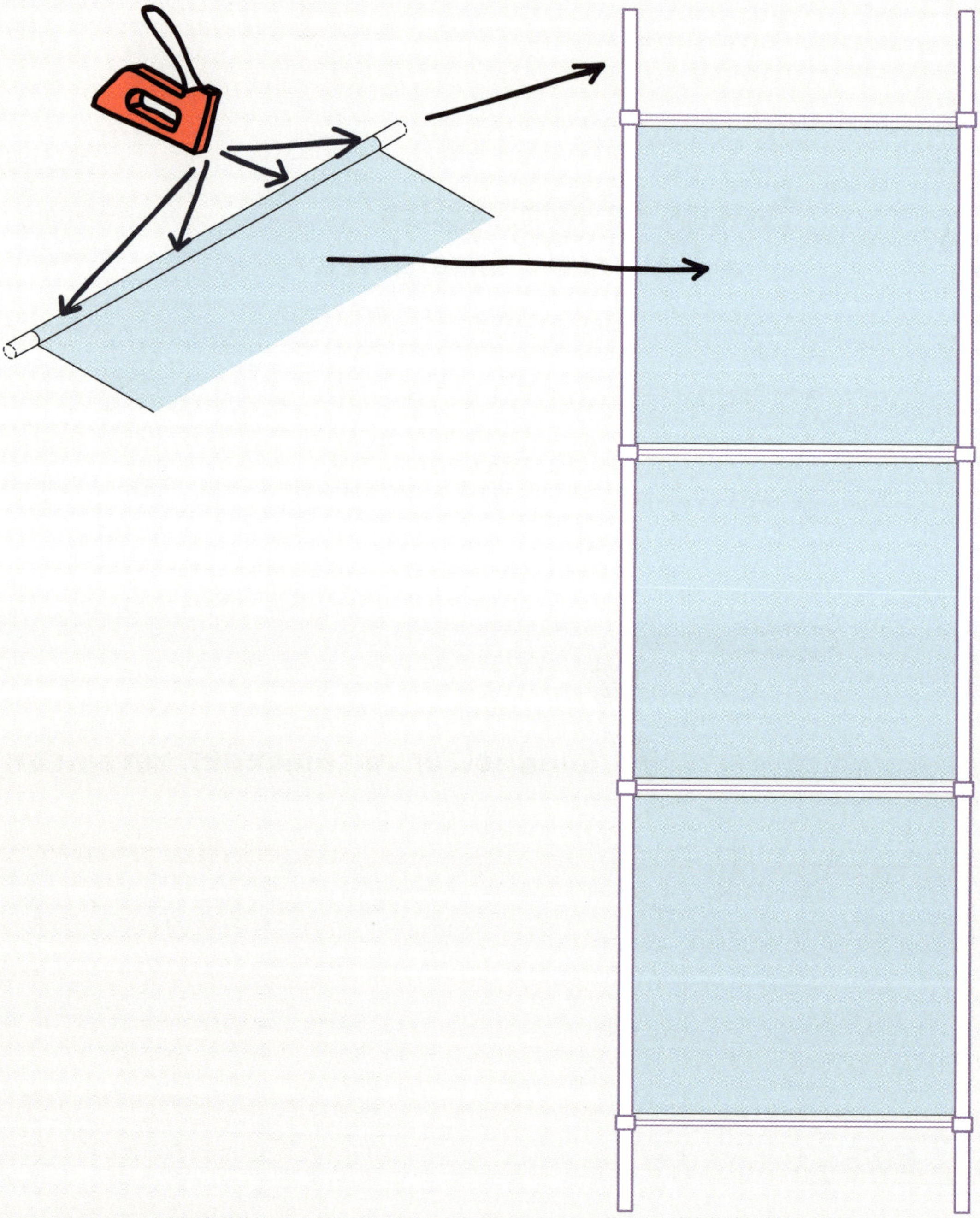

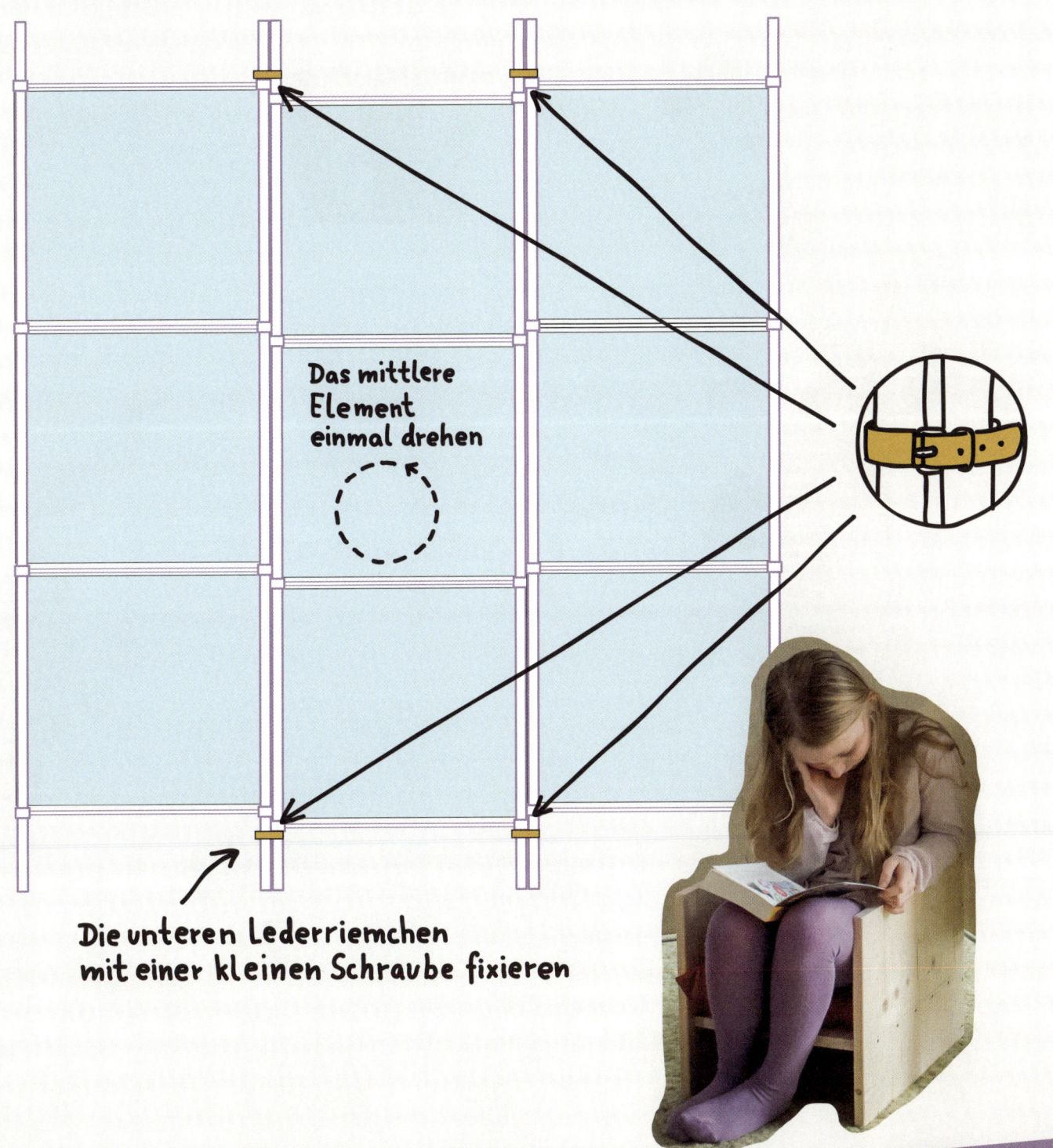

5.

Das mittlere
Element
einmal drehen

Die unteren Lederriemchen
mit einer kleinen Schraube fixieren

Socken-
basketball

Die Lösung für alle Aufräum-Muffel heißt Sockenbasketball. Eimer ohne Boden an eine Holzplatte montieren, an die Wand hängen, Wäschekorb drunter – fertig. Wer von euch zielt am besten?

• Das brauchst du! •

Material:

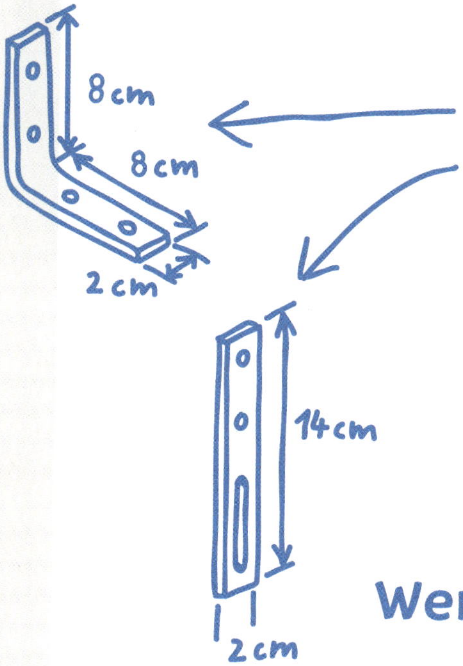

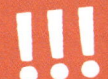

8 cm
8 cm
2 cm
14 cm
2 cm

- **MDF-Platte,** 19 mm dick, 60,0 cm x 50,0 cm ○
- **Baueimer,** 20 l ○
- **2 Winkel,** 8,0 cm x 8,0 cm ○
- **Flachverbinder mit Langloch,** 14 cm x 2 cm ○
- **7 Karosseriescheiben,** Innendurchmesser: 5,3 mm ○
  Außendurchmesser: 20 mm
- **8 Schrauben M5** x 25 mm ○
- **9 Muttern M5** ○

Werkzeug:

- Akkuschrauber ○
- Bohrer, ø 6 mm ○
- Schleifpapier, 80er und 120er ○
- Maßband / Gliedermaßstab ○
- Gewebeklebeband ○
- Bleistift ○
- Messer ○

!!!

Der Boden des Eimers kann mit einer Stichsäge oder einem Messer herausgetrennt werden – das muss unbedingt von einem Erwachsenen erledigt werden!

Anschließend werden die Schnittkanten mit Schmirgelpapier geglättet.

So geht's:

socken-
basketball

Alle Maße in cm

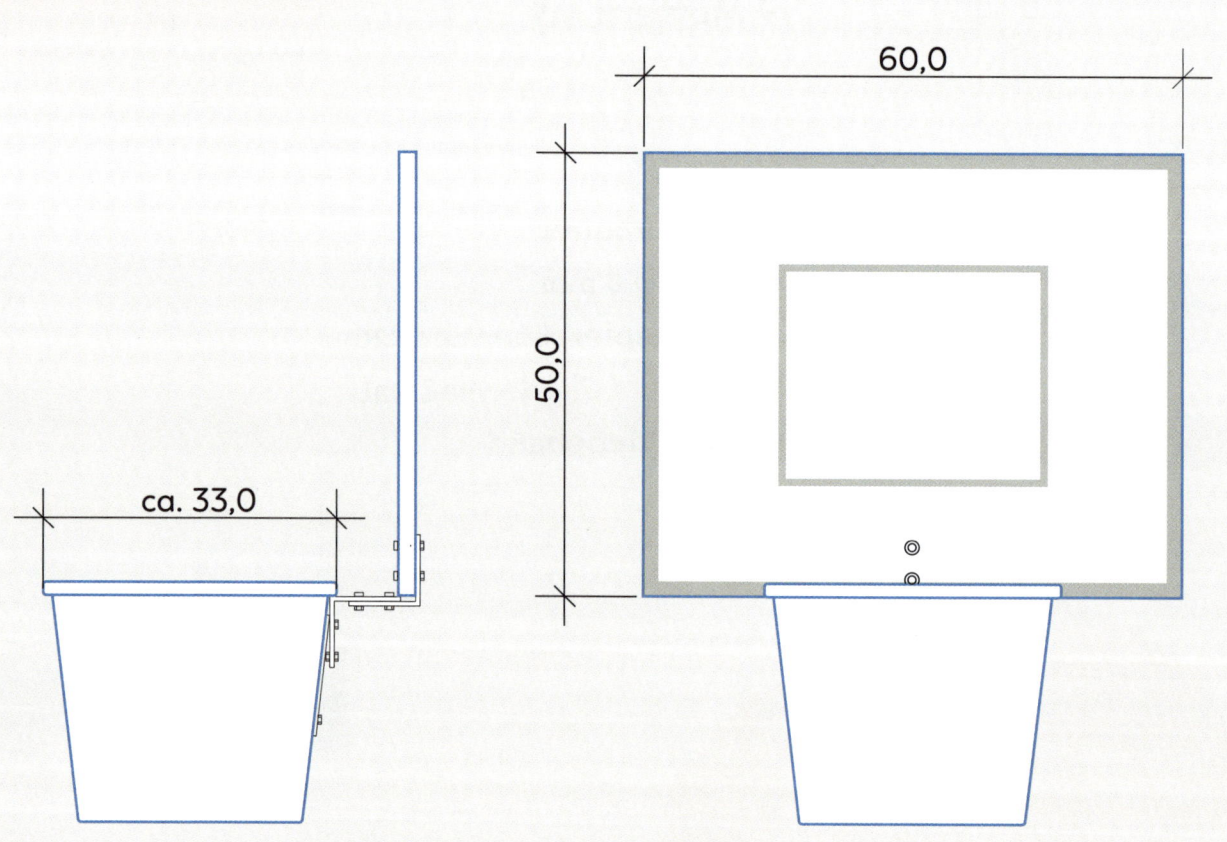

ca. 33,0

60,0

50,0

1.

Boden aus dem Eimer
schneiden

2.

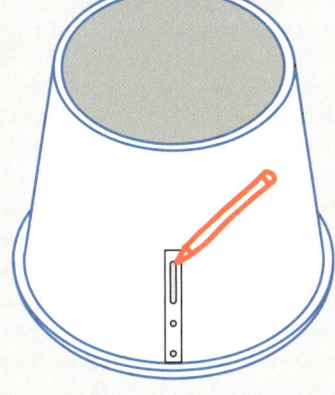

Bohrlöcher anzeichnen

3.

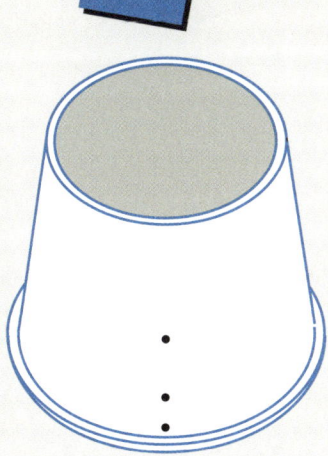

3 Löcher bohren

4.

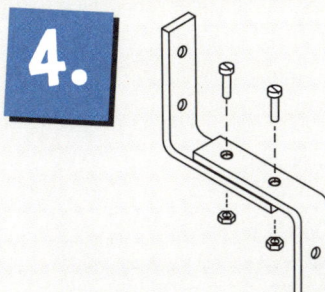

5.

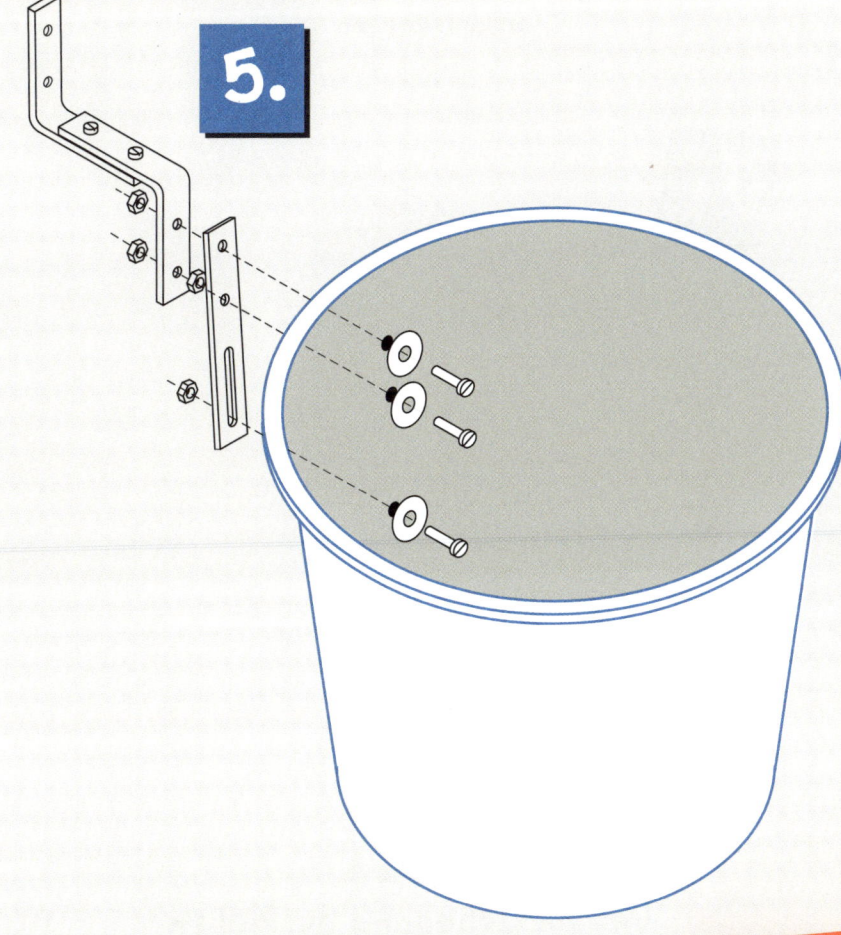

6.

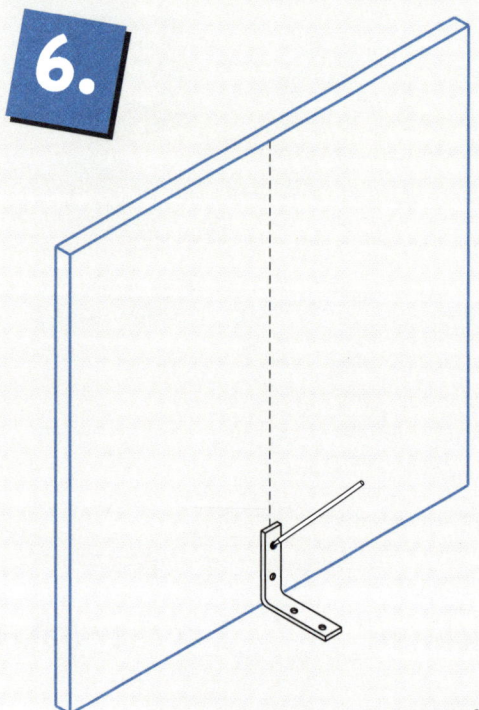

Bohrlöcher anzeichnen
und bohren

7.

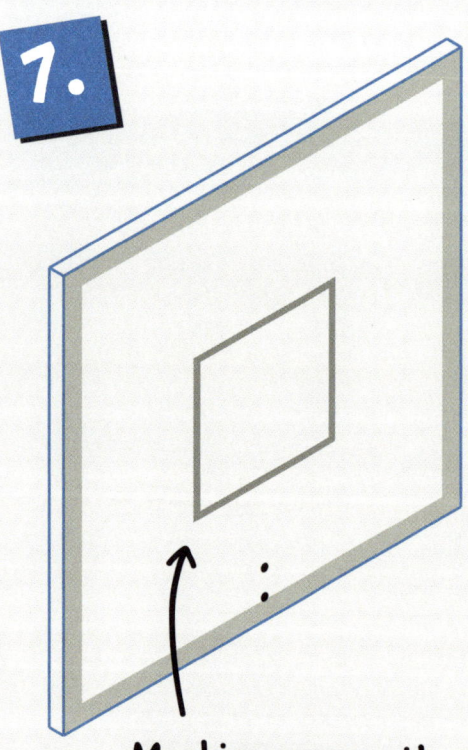

Markierungen mit
Gewebeklebeband aufkleben

8.

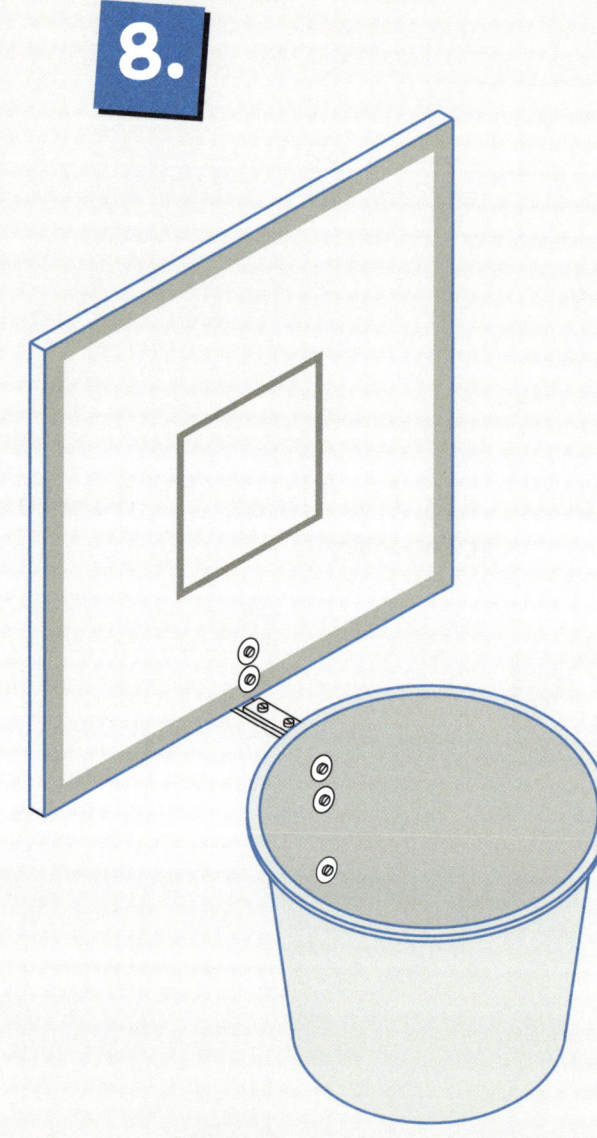

Platte mit Winkel und
Eimer verschrauben

„Meine Schwestern schnüffeln immer in meinen Sachen. Ich brauche dringend ein Geheimversteck!"

schatzkiste

Eltern oder Geschwister müssen ja nicht alles wissen. Die Schatzkiste ist eine verschließbare Kiste, deren Inhalt nur dich etwas angeht. Du kannst ein Zahlenschloss verwenden, wenn du dir nicht immer merken willst, wo du den dazugehörigen Schlüssel versteckt hast.

Material:

Leimholz Kiefer, 18 mm dick:

1 × **Bauteil A**: **21,4 cm × 12,4 cm** ○

2 × **Bauteil B**: **25,0 cm × 15,0 cm** ○

2 × **Bauteil C**: **12,4 cm × 15,0 cm** ○

1 × **Bauteil D**: **25,0 cm × 16,0 cm** ○

12 Kreuzschlitzschrauben 3 × 18 mm ○

20 Kreuzschlitzschrauben 3 × 35 mm ○

2 Scharniere, 8,0 cm × 4,0 cm ○

Überwurffalle ○

Vorhängeschloss ○

Werkzeug:

Akkuschrauber ○

Bohrer, ø 3 mm ○

Schleifpapier, 80er und 120er ○

Winkel ○

Maßband / Gliedermaßstab ○

Bleistift ○

So geht's: →

schatzkiste

So geht's:

Alle Maße in cm

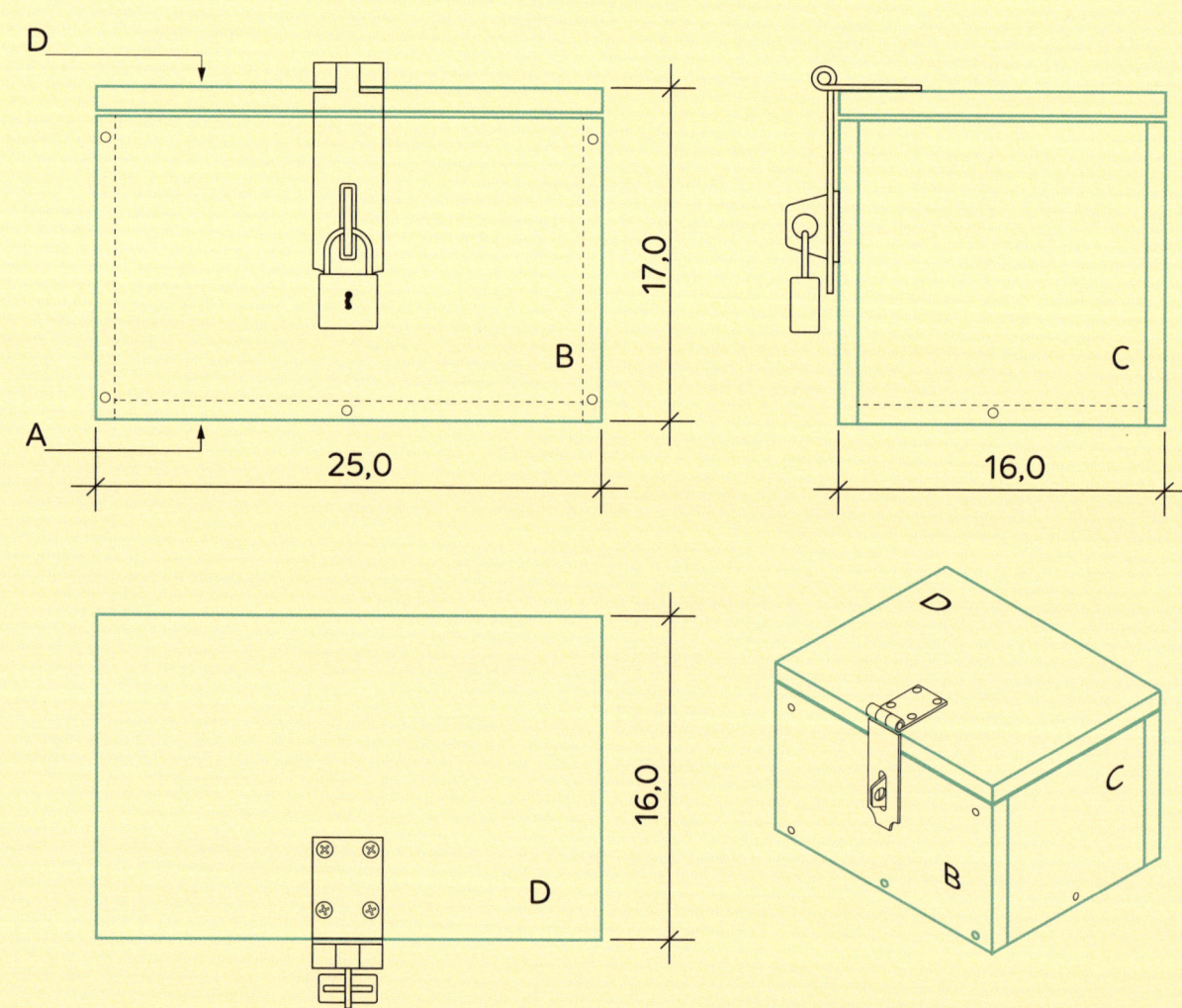

D

A

25,0

17,0

B

16,0

C

16,0

D

Position der Bohrlöcher:

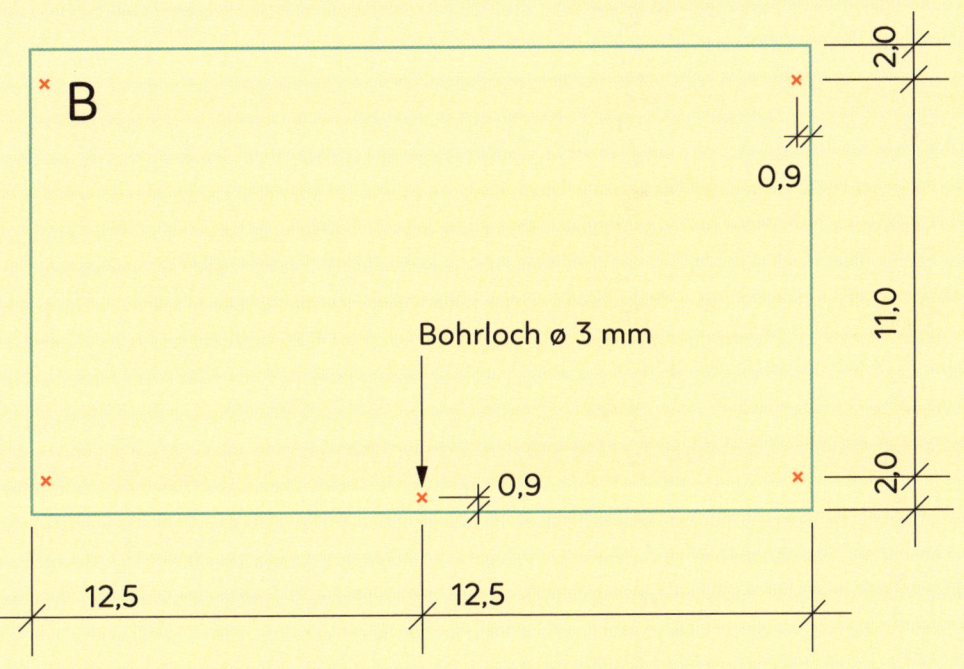

B

Bohrloch ø 3 mm

0,9

2,0

0,9

11,0

2,0

12,5   12,5

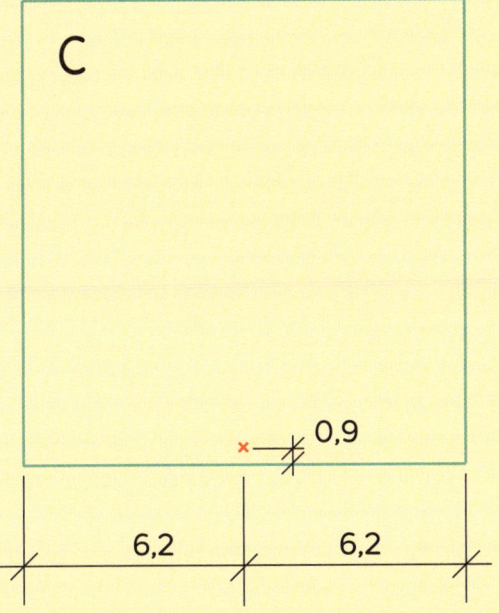

C

0,9

6,2   6,2

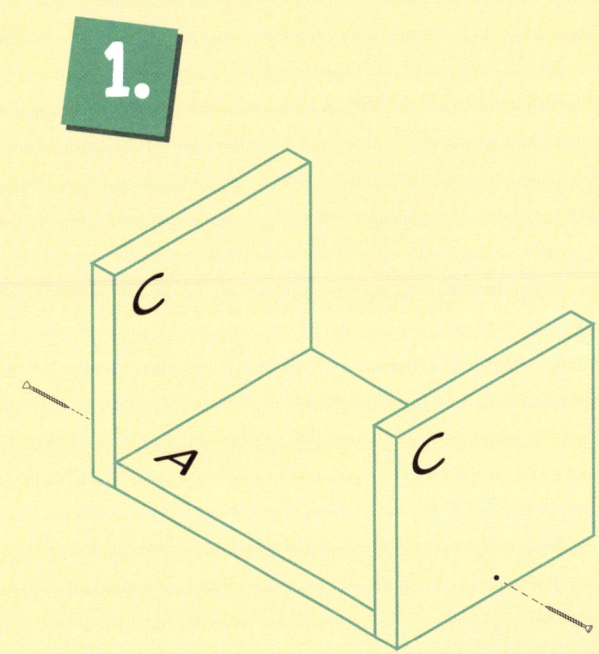

1.

C

A

C

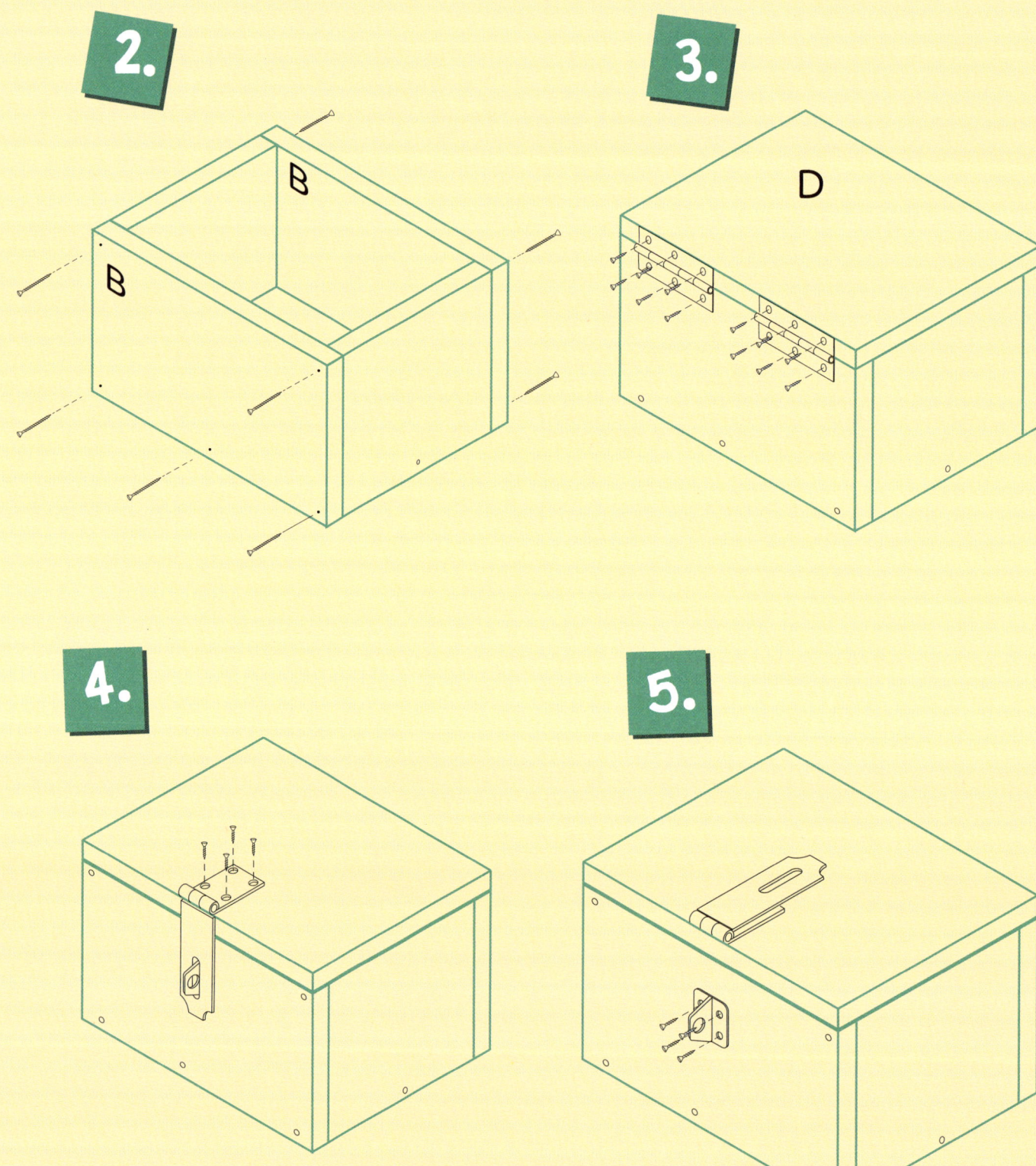

Garderobe

Die Garderobe hat Haken für Jacken und eine Ablagefläche für Mützen und Handschuhe. Falls du mehr Haken für Jacken brauchst, wähle ein längeres Maß für die Holzbretter und montiere weitere Haken. Oder du baust die Garderobe gleich zweimal.

Das brauchst du!

Material:

Leimholz Kiefer, 18 mm dick:

2 x **Bauteil A**: 12,0 cm x 10,0 cm ○

1 x **Bauteil B**: 36,4 cm x 10,0 cm ○

1 x **Bauteil C**: 40,0 cm x 12,0 cm ○

1 x **Bauteil D**: 50,0 cm x 12,0 cm ○

9 Kreuzschlitzschrauben, 3 x 18 mm ○

12 Kreuzschlitzschrauben, 3 x 35 mm ○

3 Garderobenhaken, drehbar ○

Werkzeug:

Akkuschrauber ○

Bohrer, ø 3 mm und ø 6 mm ○

Schleifpapier, 80er und 120er ○

Winkel ○

Maßband / Gliedermaßstab ○

Bleistift ○

So geht's:

Garderobe

Alle Maße in cm

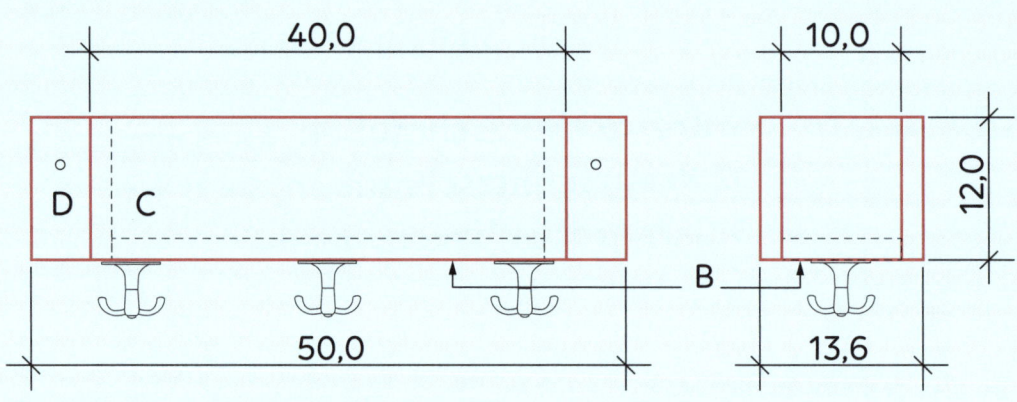

40,0

10,0

12,0

D   C

B

50,0

13,6

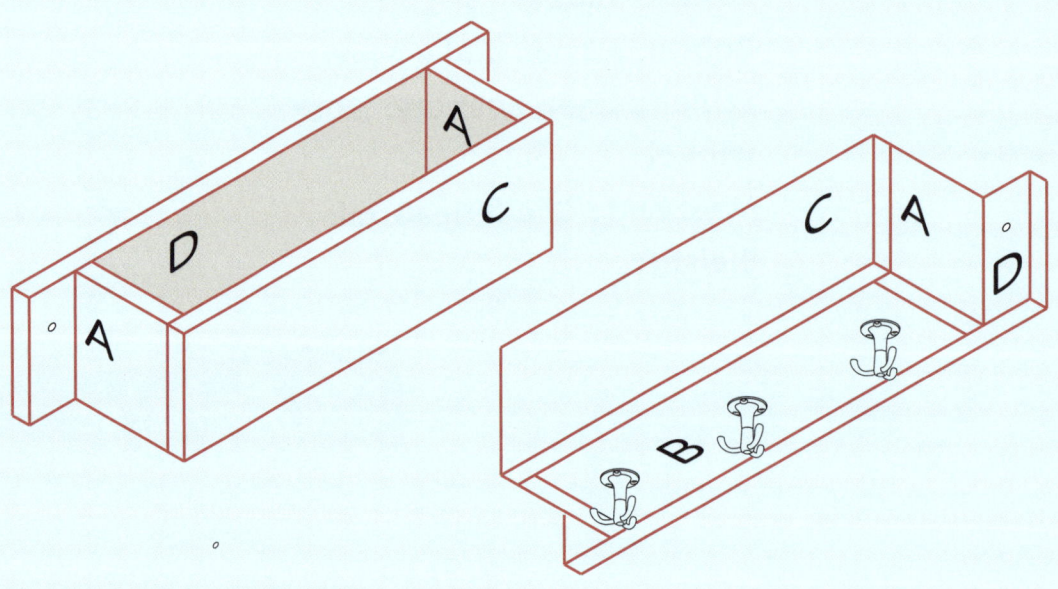

Position der Bohrlöcher:

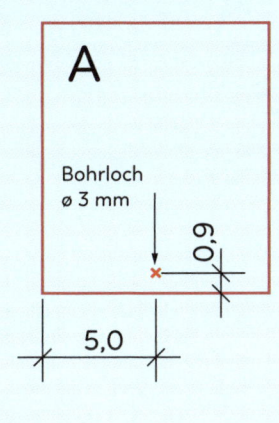

A

Bohrloch
ø 3 mm

0,9

5,0

C

2,0

2,0

0,9

0,9

0,9

4,0

4,0

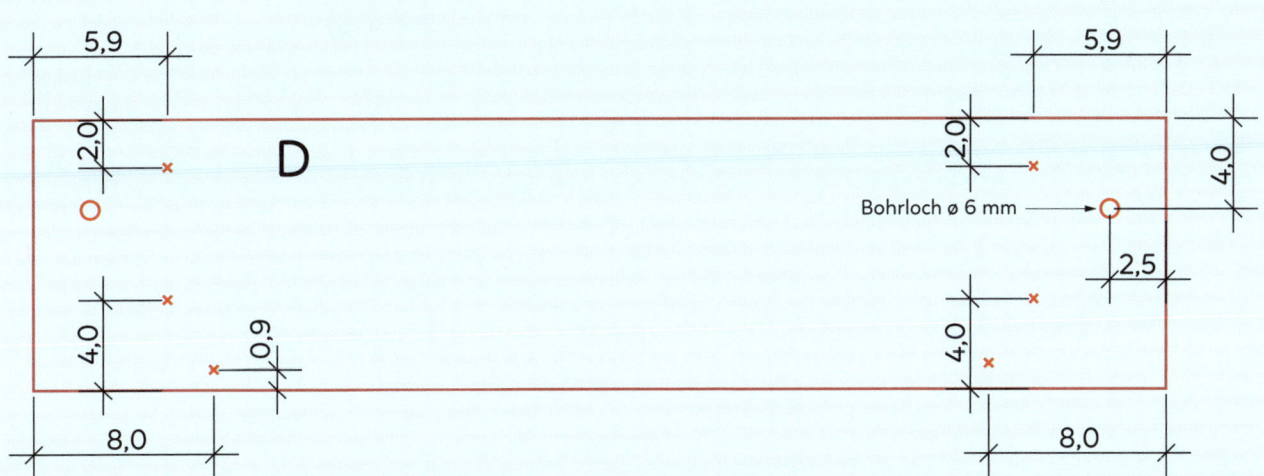

5,9

5,9

2,0

D

2,0

4,0

Bohrloch ø 6 mm

2,5

4,0

4,0

0,9

8,0

8,0

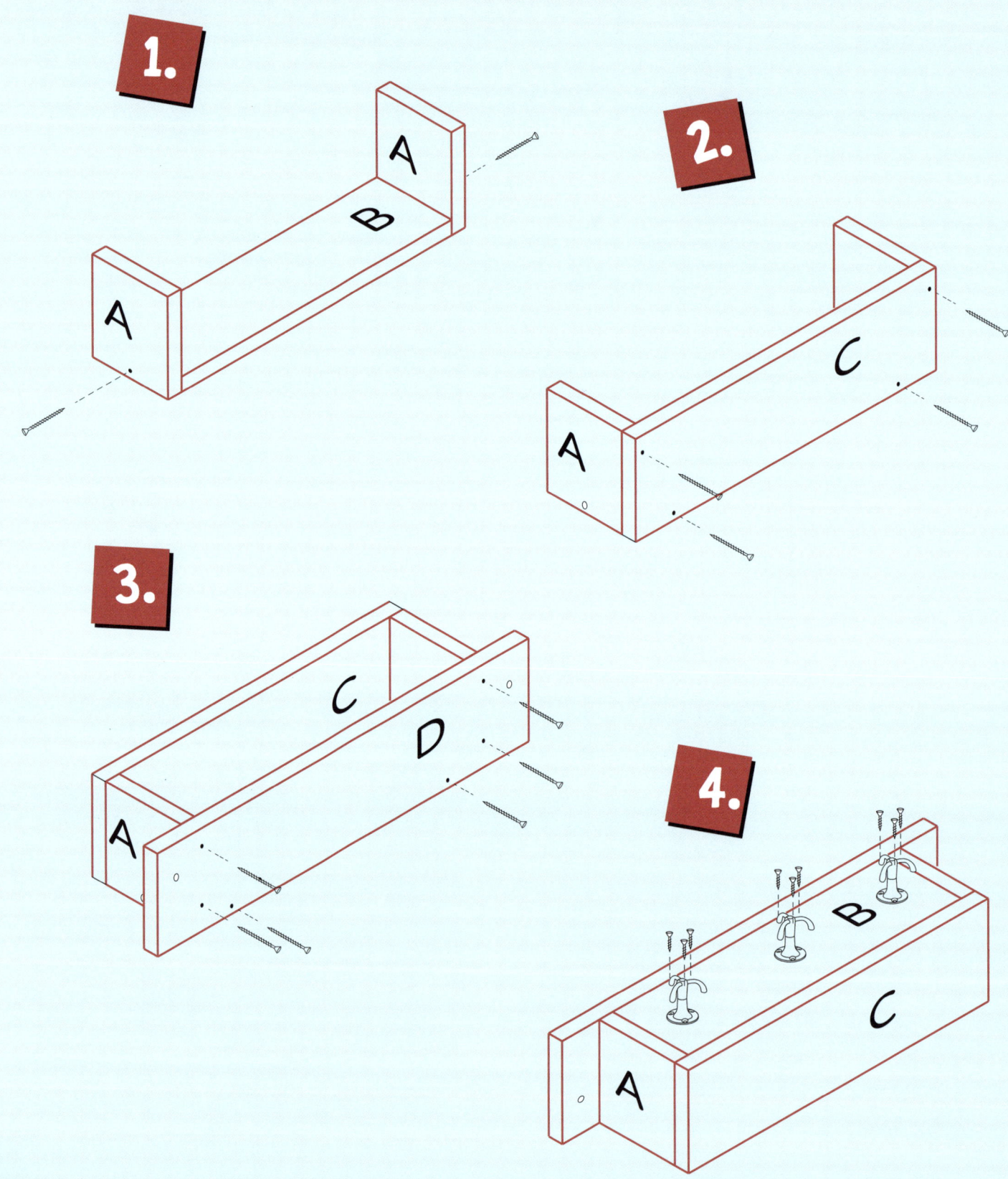

„Wenn ich schlafen gehe, brauche ich meine liebsten Sachen nah bei mir."

Schränkchen

Das Schränkchen hat eine Schublade und in seinem Innern genügend Platz für all die Dinge, die du gerne griffbereit haben möchtest.

• Das brauchst du! •

Material:

Leimholz Kiefer, 18 mm dick:

2 × Bauteil A: 56,2 cm × 30,0 cm ○
1 × Bauteil B: 56,2 cm × 26,4 cm ○
1 × Bauteil D: 26,0 cm × 40,8 cm ○
1 × Bauteil E: 32,0 cm × 32,0 cm ○
1 × Bauteil H: 10,0 cm × 26,0 cm ○

MDF-Platten, 12 mm dick:

3 × Bauteil C: 26,2 cm × 26,4 cm ○
2 × Bauteil F: 10,0 cm × 24,8 cm ○
1 × Bauteil G: 23,6 cm × 24,8 cm ○
1 × Bauteil I: 10,0 cm × 26,0 cm ○

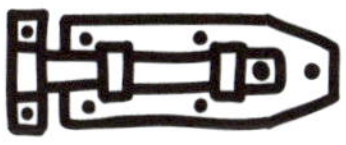

2 Scharniere, 8,0 cm × 4,0 cm ○
1 Schlossriegel, 8,0 cm × 3,0 cm ○
1 Griff, ca. 10,5 cm × 1,5 cm ○
21 Kreuzschlitzschrauben, 3 × 18 mm ○
26 Kreuzschlitzschrauben, 3 × 35 mm ○

Werkzeug:

Akkuschrauber ○
Bohrer, 3 mm ○
Winkel ○
Maßband / Gliedermaßstab ○
Schleifpapier, 80er und 120er ○
Bleistift ○

So geht's: →

Schränkchen

So geht's:

Alle Maße in cm

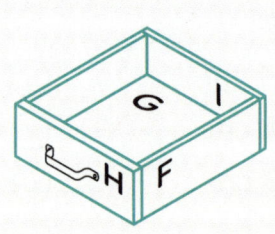

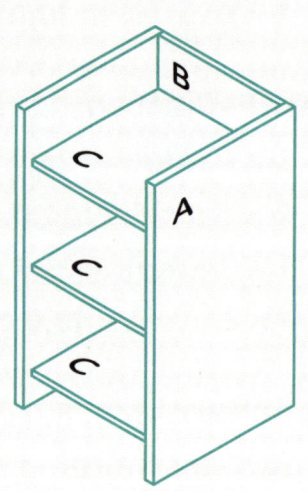

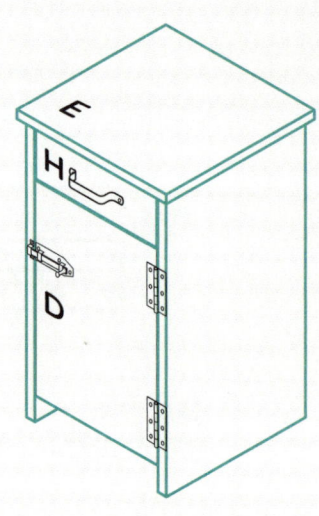

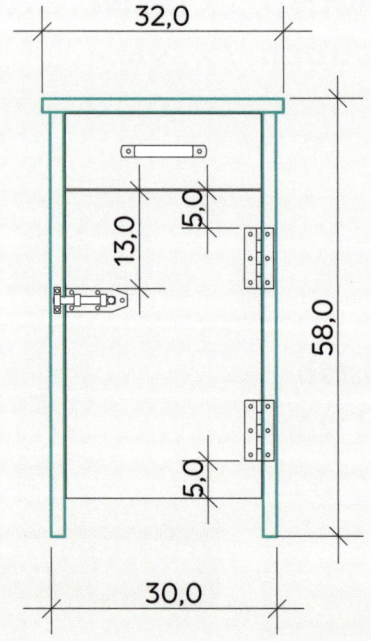

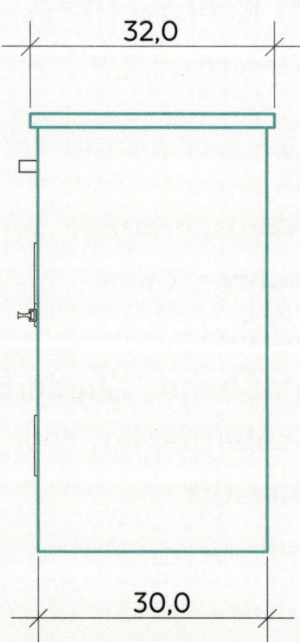

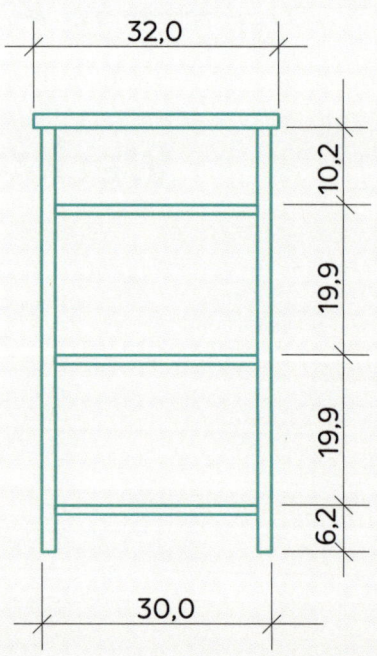

Position der Bohrlöcher:

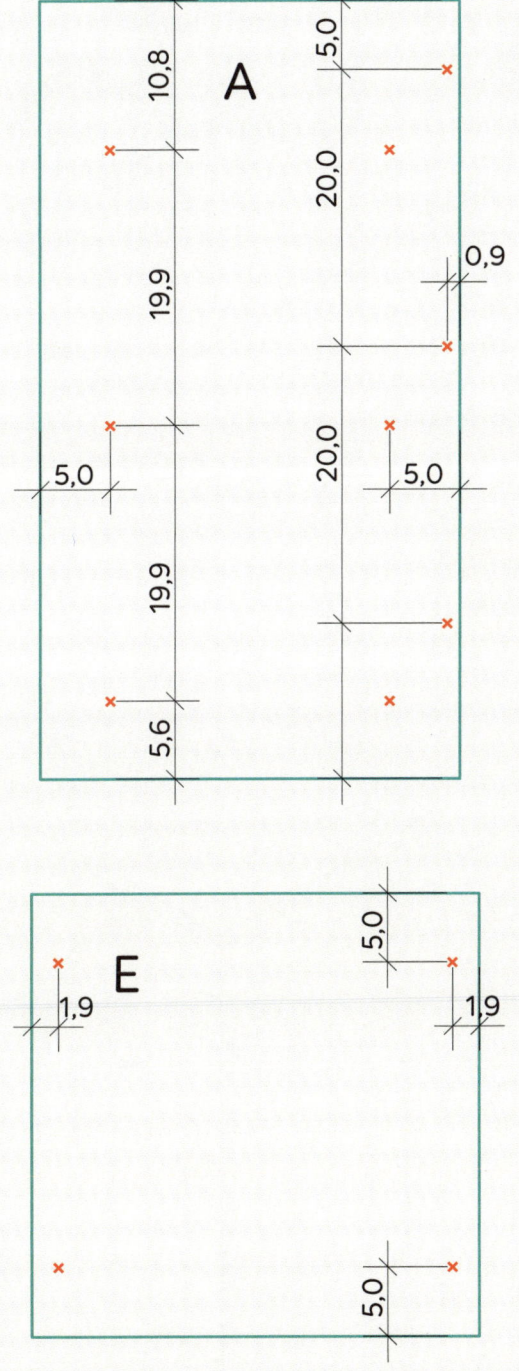

Auf dem 2. Bauteil A machst du
das Gleiche nur spiegelverkehrt

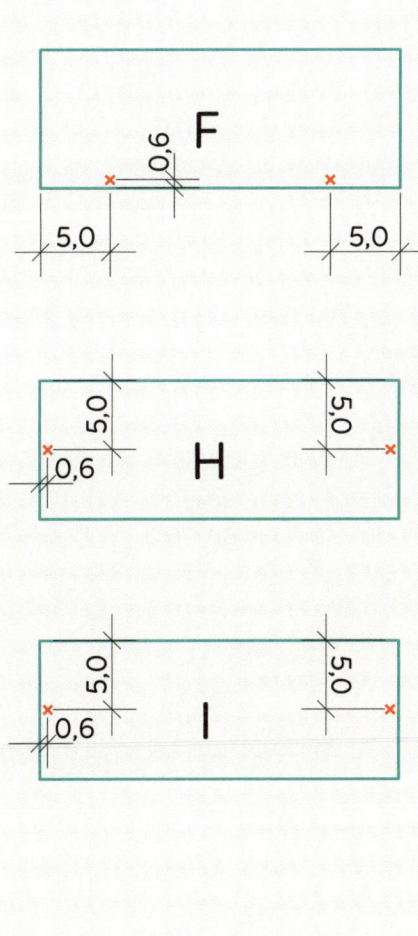

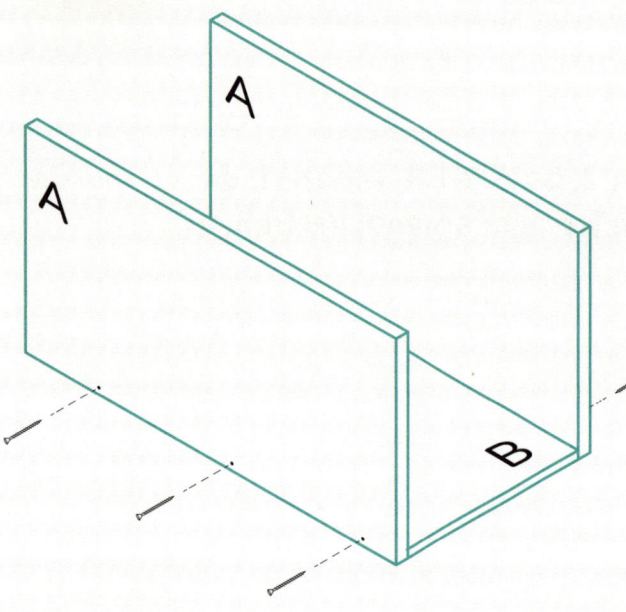

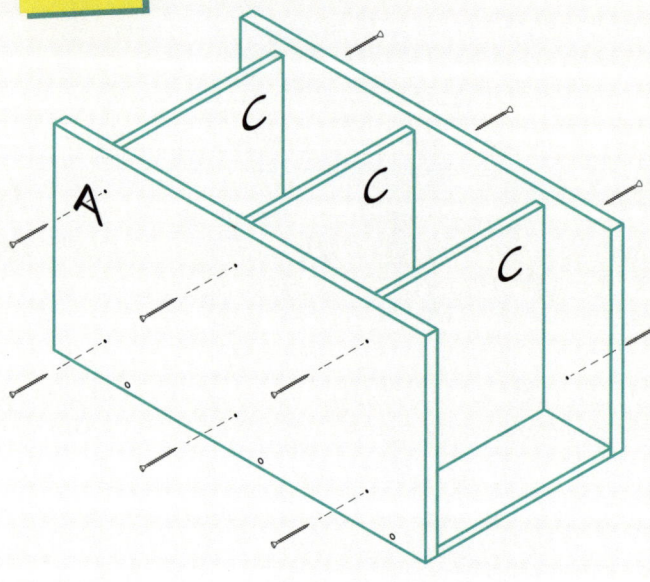

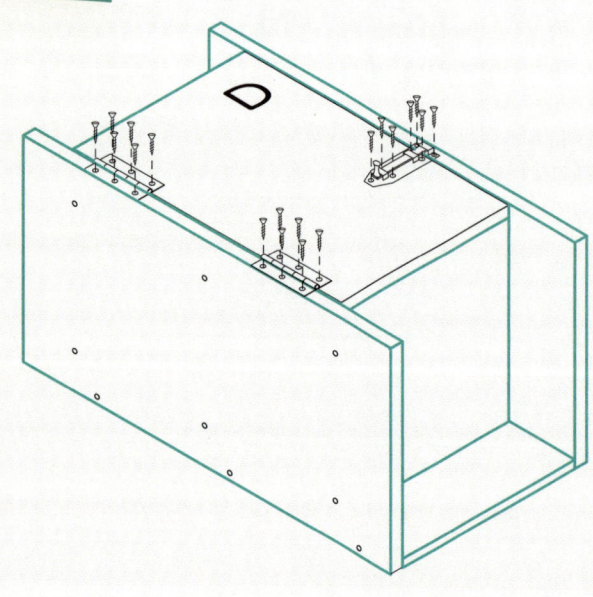

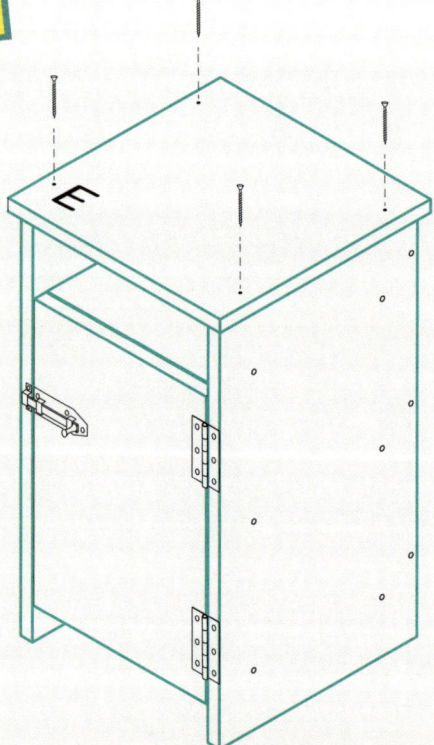

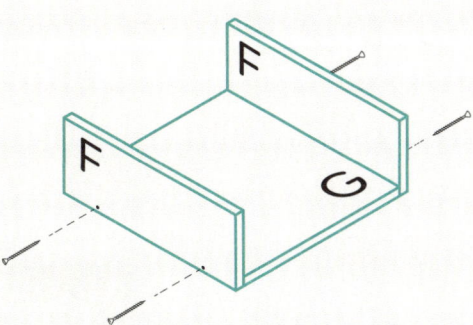

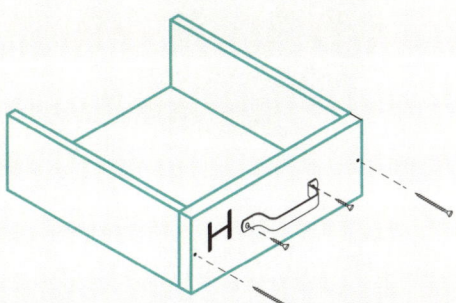

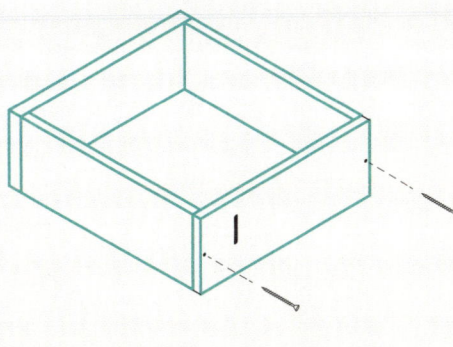

Bilderleiste

Wenn du einen regelmäßigen Tapetenwechsel magst, fängst du am besten mit deinen Bildern an. Auf der Bilderleiste stellst du heute das auf, was dir gefällt – und tauschst es morgen einfach gegen etwas anderes wieder aus.

Material:

Winkelleiste, 35 x 35 x 900 mm ◯
Winkelleiste, 20 x 20 x 900 mm ◯

Werkzeug:

Akkuschrauber ◯
Bohrer, ø 5 mm ◯
Holzleim ◯
Klebeband ◯
Winkel ◯
Maßband / Gliedermaßstab ◯
2 Wäscheklammern ◯
Bleistift ◯

So geht's:

Bilderleiste

So geht's:

Alle Maße in cm

Bohrloch ø 5mm

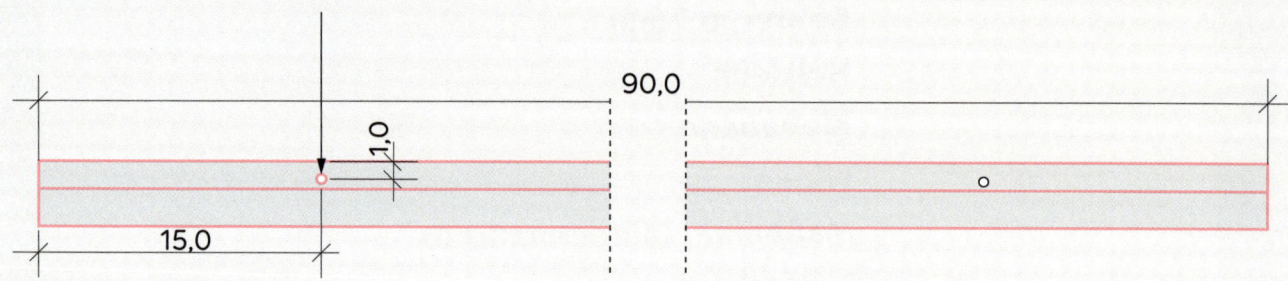

90,0

1,0

15,0

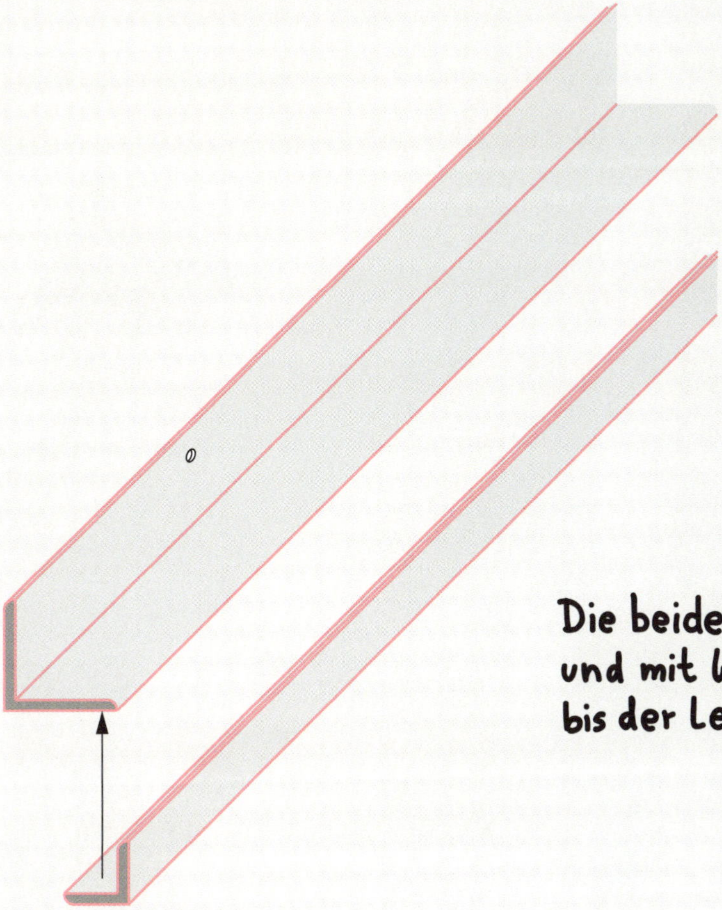

Die beiden Leisten verleimen
und mit Wäscheklammern fixieren,
bis der Leim getrocknet ist

„Zum Malen brauche ich viel Platz!"

schreibtisch

Dieser Schreibtisch ist doppelt praktisch:
Du kannst ihn ganz einfach im Raum
herumschieben, denn er steht auf Rollen.
Unter der Tischplatte ist außerdem
ein Schubladenschränkchen montiert,
wo du deine Mal- und Schreibsachen
verstauen kannst.

· Das brauchst du! ·

Material:

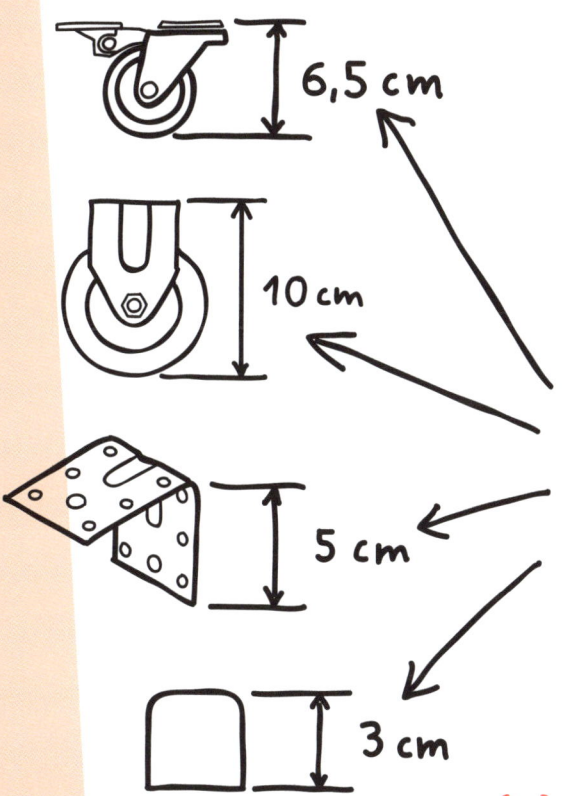

6,5 cm

10 cm

5 cm

3 cm

Schubladenschrank ○

MDF-Platten, 22 mm dick:
  1 x **Bauteil A**: 52,0 cm x 120,0 cm ○
  1 x **Bauteil B**: 52,0 cm x * ○

  * Die Höhe von **Bauteil B** ergibt sich aus der Höhe des gewählten Schränkchens + 2 cm für die Höhe der Gummipuffer + 10 cm für die Höhe der Bockrollen – 6,5 cm für die Höhe der Möbelrollen

2 Möbelrollen mit Bremse ○
2 Bockrollen ○
2 Winkelverbinder ○
4 Gummipuffer / Türstopper ○
26 Kreuzschlitzschrauben mit Rundkopf, 5 x 20 mm ○
2 Sechskantschrauben, 6 x 40 mm ○

Werkzeug:

Akkuschrauber ○
Bohrer, ø 5 mm ○
Schraubenschlüssel, 10er ○
Schleifpapier, 80er ○
Winkel ○
Maßband / Gliedermaßstab ○
Bleistift ○

TIPP!

In diesen Schreibtisch kann jedes mögliche Schubladenschränkchen eingebaut werden – ob vom Flohmarkt oder neu gekauft. Die Länge der Seitenwand bemisst sich nach der Höhe des Schubladenschränkchens und des Türstoppers aus Gummi, der zwischen Schränkchen und Tischplatte montiert ist.

So geht's: →

schreibtisch

So geht's:

Alle Maße in cm

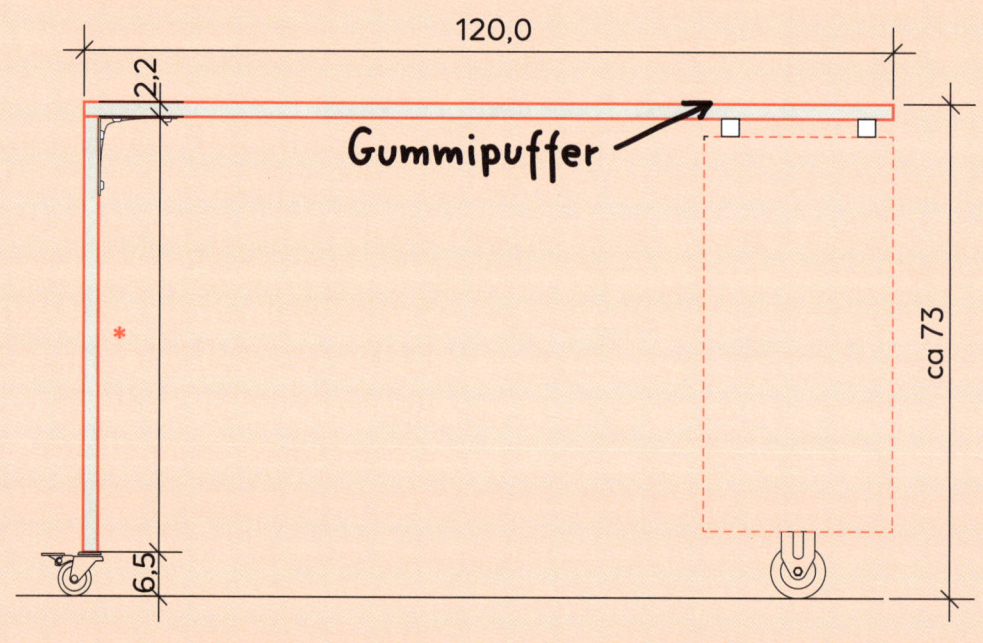

120,0

2,2

Gummipuffer

ca 73

*

6,5

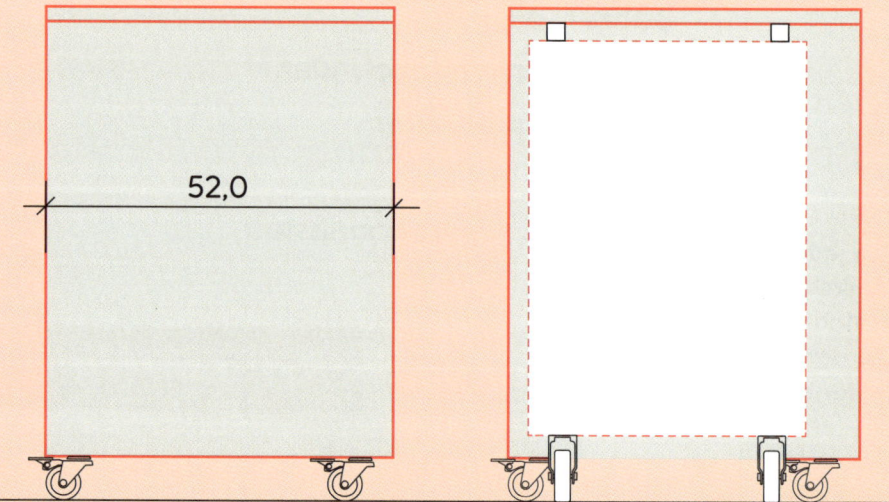

52,0

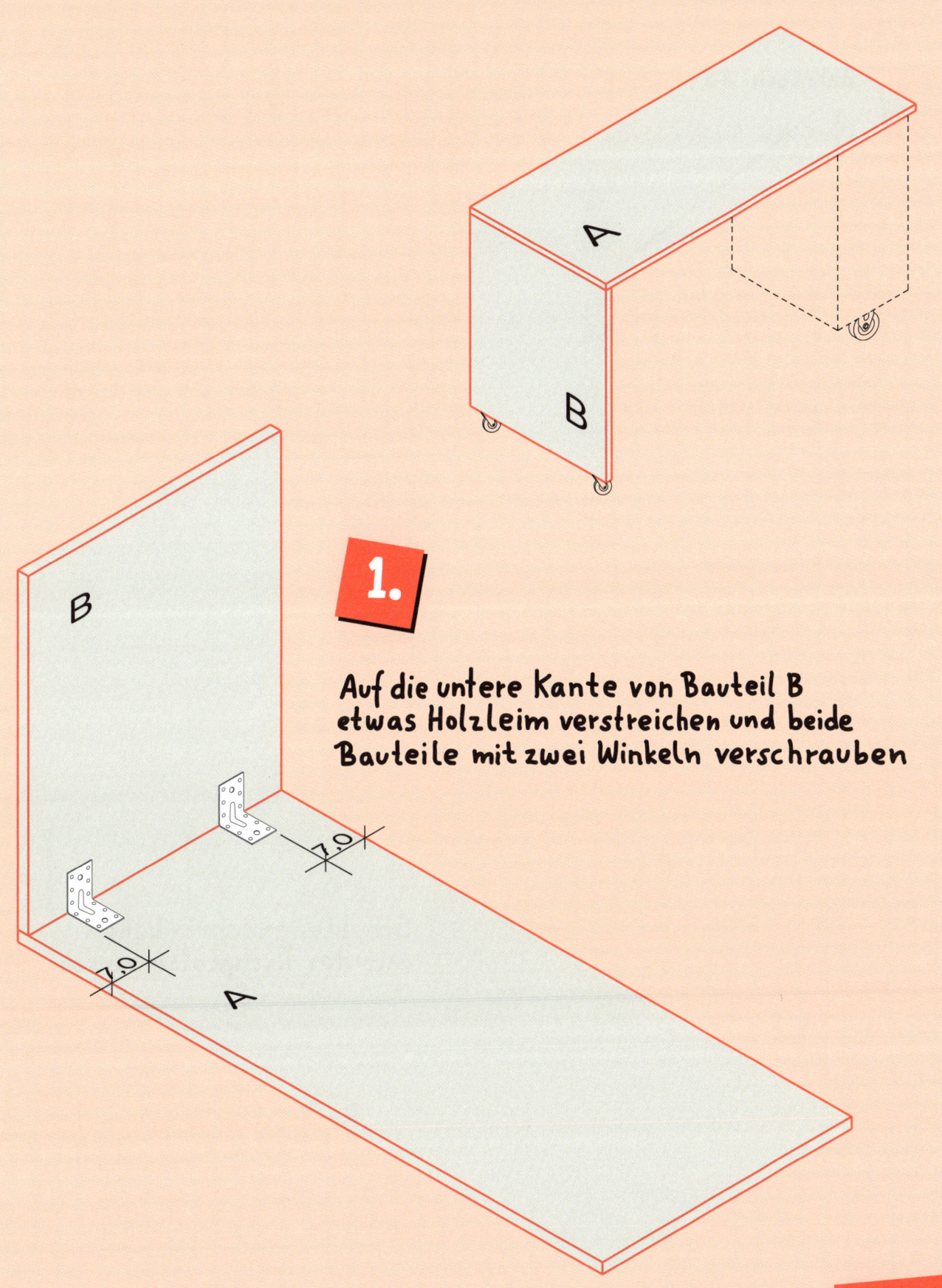

1.

Auf die untere Kante von Bauteil B etwas Holzleim verstreichen und beide Bauteile mit zwei Winkeln verschrauben

7.0

7.0

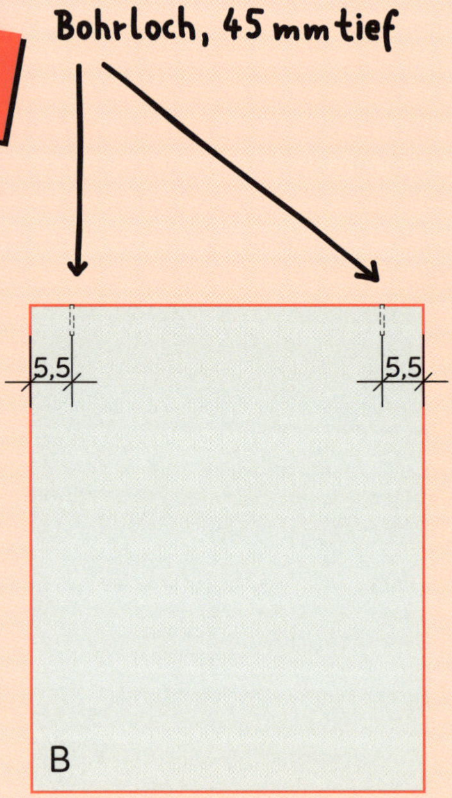

Bohrloch, 45 mm tief

5,5   5,5

B

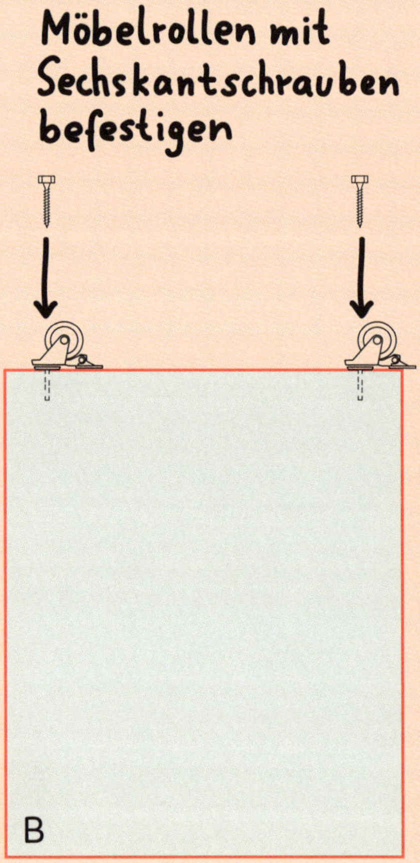

Möbelrollen mit Sechskantschrauben befestigen

B

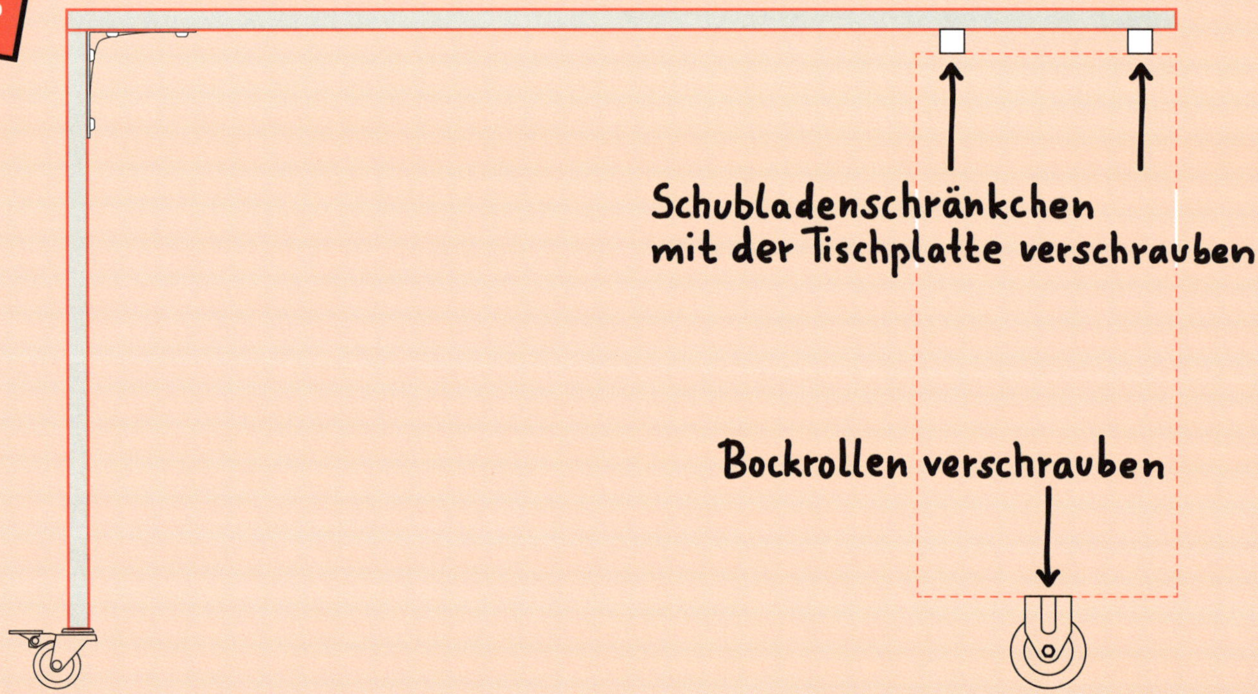

Schubladenschränkchen mit der Tischplatte verschrauben

Bockrollen verschrauben

13

Tischlampe

Eine Lampe, die aus Holz und einer Konservendose besteht, ist ein Unikat, das sonst keiner zu Hause hat. Du kannst sie als Nachttischlampe benutzen, dann bestimmst du, wann abends das Licht ausgemacht wird! Zusätzlich zum Deckenlicht schafft sie außerdem eine gemütliche Atmosphäre im Raum.

• Das brauchst du! •

Material:

1 × Bauteil A: MDF-Platte, 19 mm dick, 18 cm × 18 cm ⚪

1 × Bauteil B: Rundstab Buche, ø 18 mm, 41 cm lang ⚪

große Konservendose ⚪

E14 Lampenfassung mit
Schalter und Stromkabel ⚪

LED Classic, 4W, E14 ⚪

Schraube M6, 35 mm ⚪

Flügelmutter M6 ⚪

2 Muttern M6 ⚪

4 Karosseriescheiben, ⚪
   Innendurchmesser: 6,4 mm, Außendurchmesser: 20 mm

2 etwas dickere Gummiringe ⚪

Werkzeug:

Akkuschrauber ⚪		Metallbohrer, ø 6 mm ⚪
Schleifpapier, 80er ⚪		Forstnerbohrer, ø 18 m ⚪
Feile ⚪		Winkel ⚪
Schraubendreher ⚪		Bleistift ⚪
Maßband / Gliedermaßstab ⚪		

TIPP!

Die MDF-Platte vorher etwas mit biologischem Holzöl einreiben, damit später nicht jeder Fingerabdruck auf dem Lampenfuß sichtbar wird.

So geht's: ➡

Tischlampe

So geht's:

Alle Maße in cm

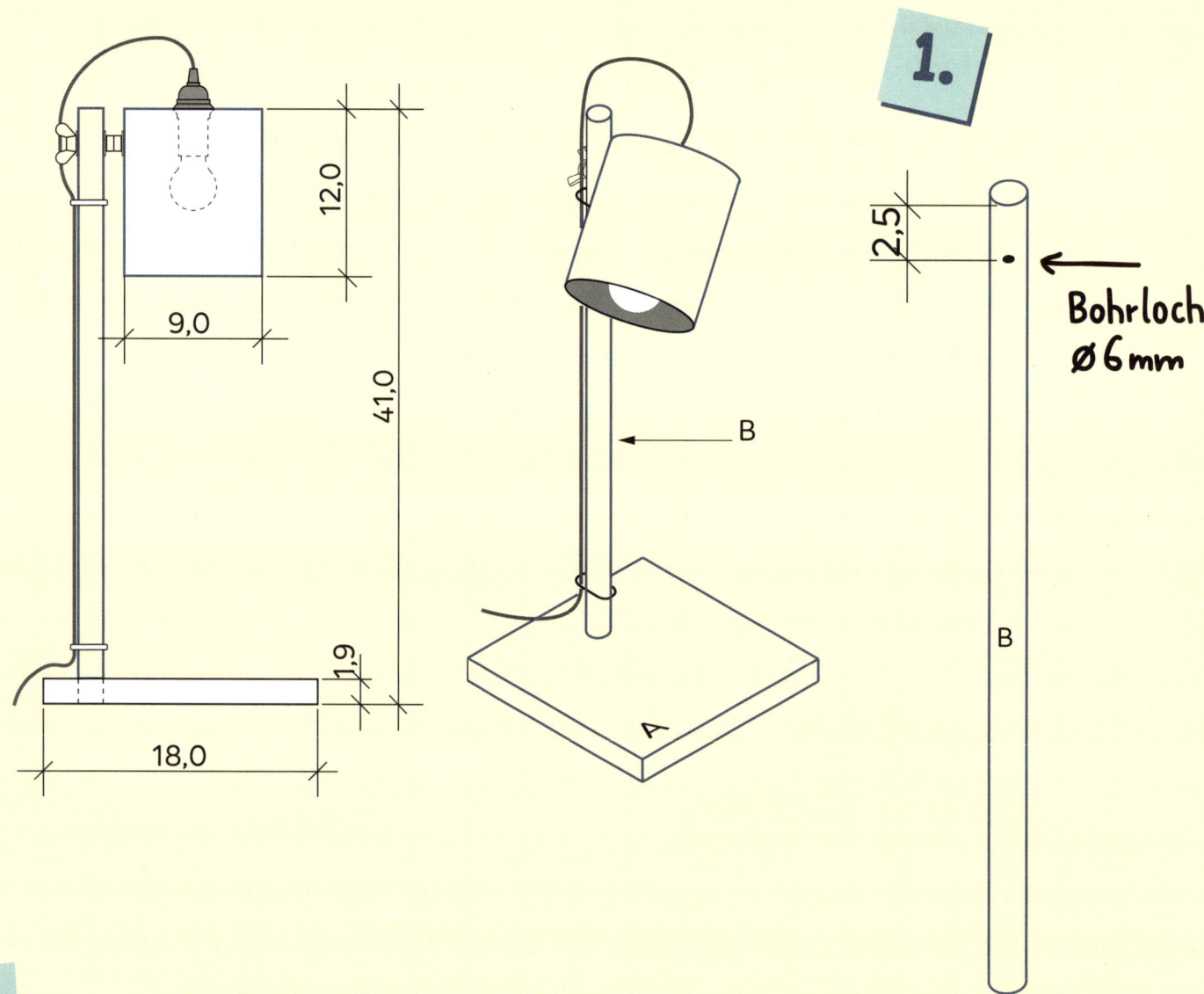

1.

12,0

9,0

41,0

1,9

18,0

B

A

2,5

Bohrloch
Ø 6 mm

B

2.

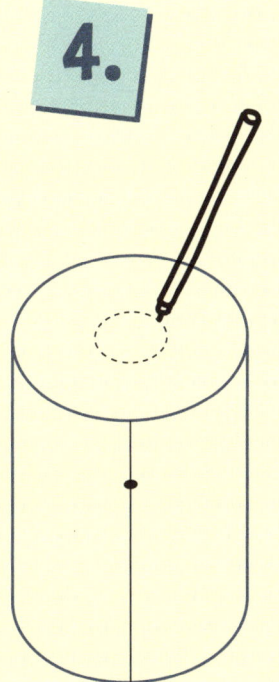

2,5

Bohrloch
∅ 6 mm

Dosennaht

3.

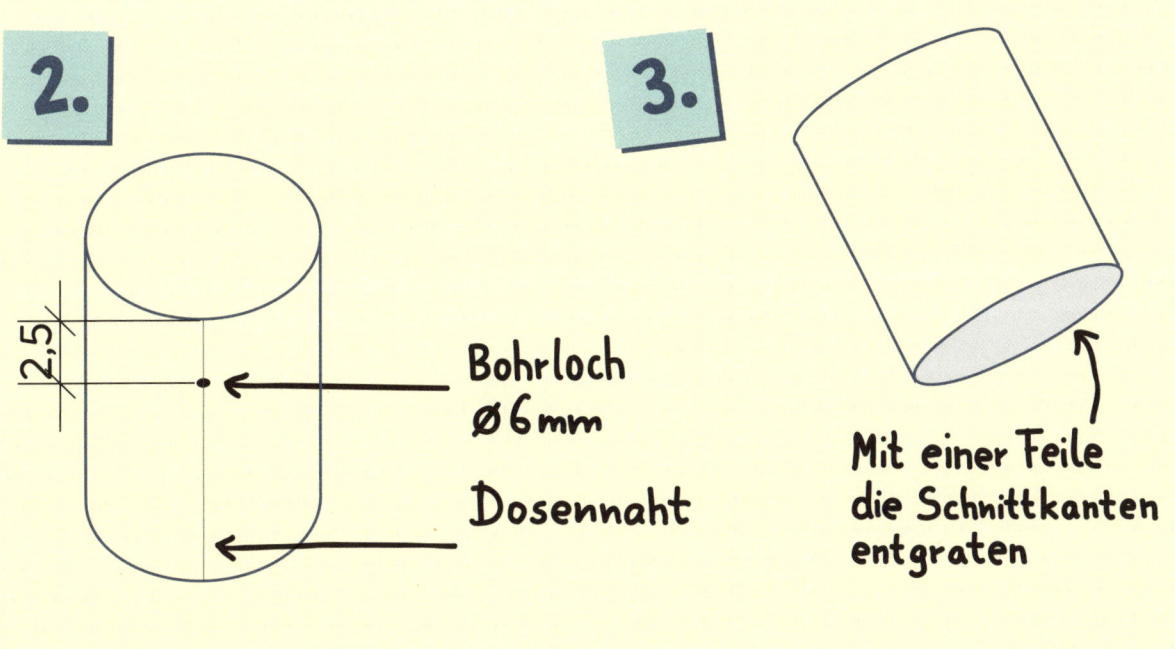

Mit einer Feile
die Schnittkanten
entgraten

4.

Mit einem Filzstift
einen Kreis ∅ 3 cm
anzeichnen

5.

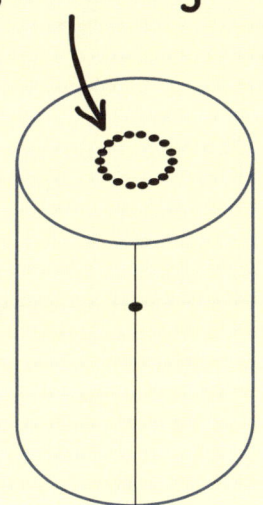

Entlang der Kreislinie
Löcher bohren oder
Löcher mit einem Hammer
und einem etwas dickeren
Nagel einschlagen

6.

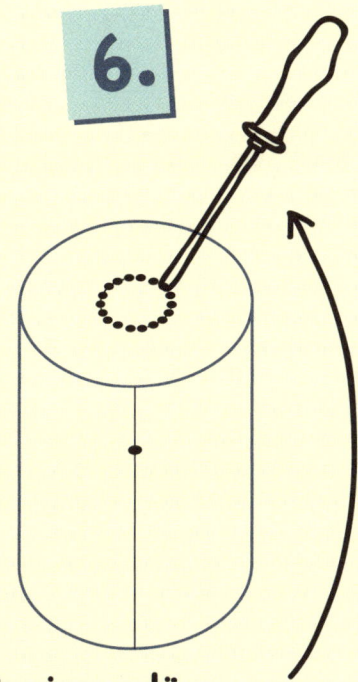

Mit einem dünnen
Schraubendreher oder
einem Nagel die restlichen
Blechteile heraushebeln

!!!
Der Rand des Lochs
ist scharfkantig.

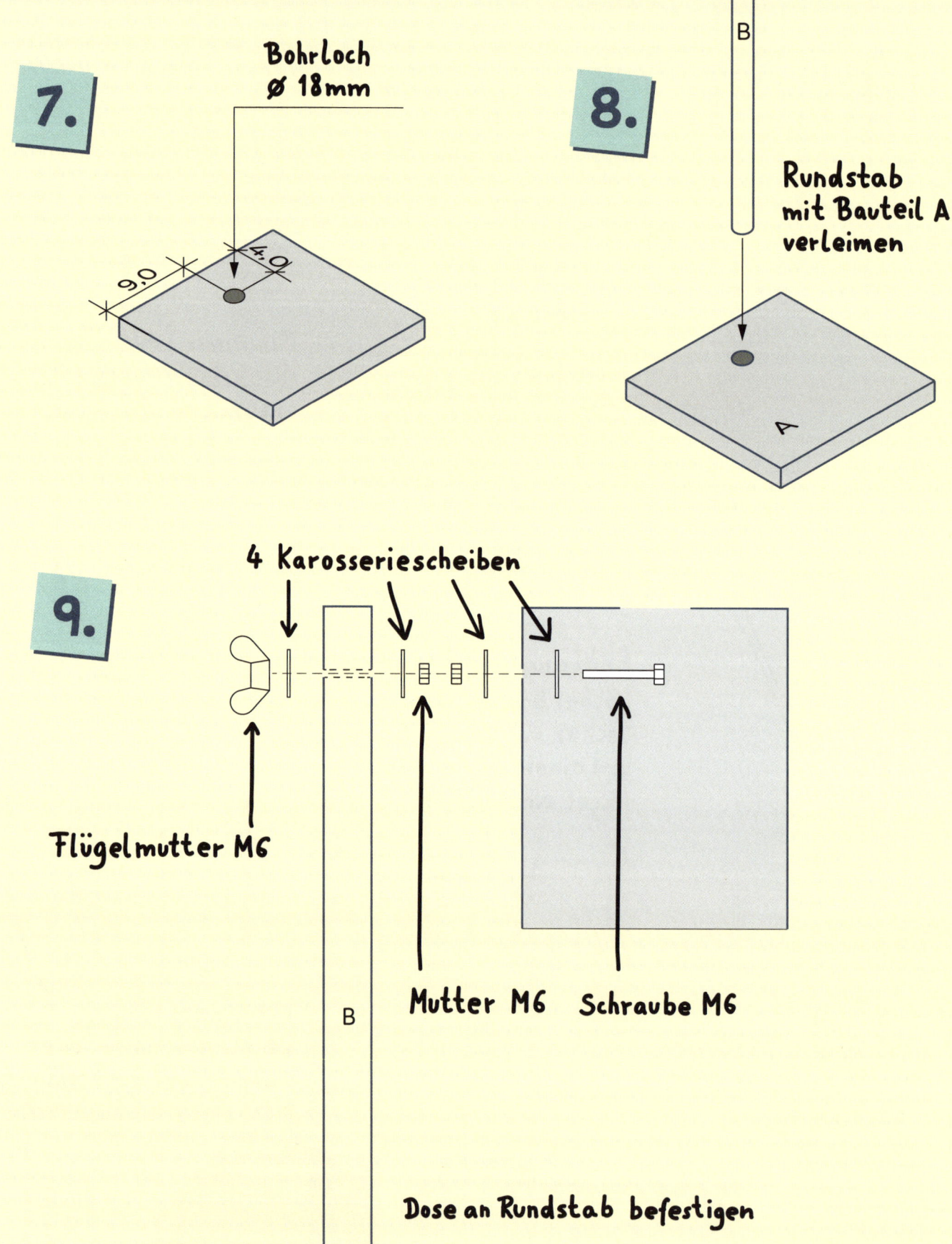

7.

Bohrloch ⌀ 18mm

9,0

4,0

8.

B

Rundstab mit Bauteil A verleimen

A

9.

4 Karosseriescheiben

Flügelmutter M6

Mutter M6   Schraube M6

B

Dose an Rundstab befestigen

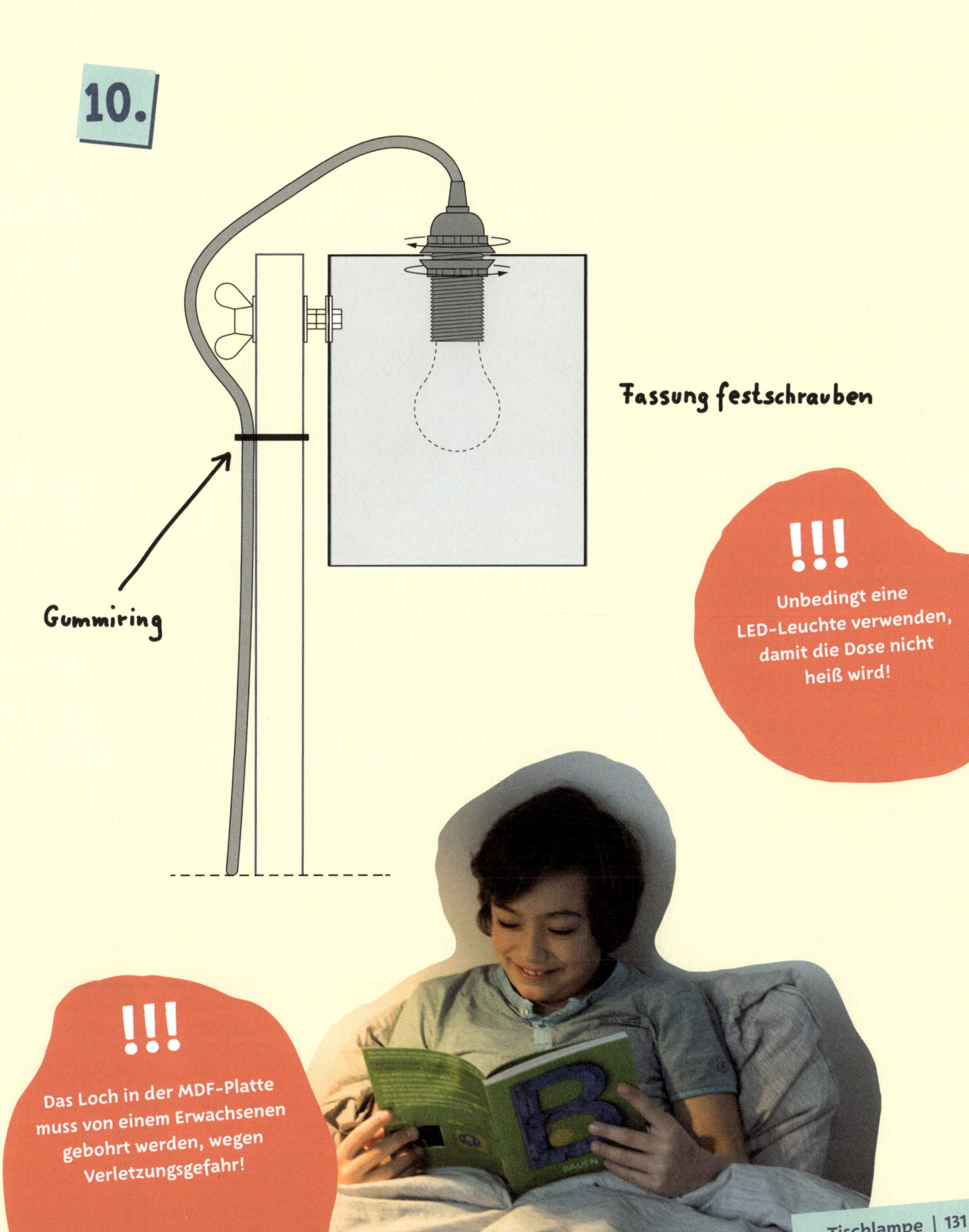

10.

Fassung festschrauben

Gummiring

!!!

Unbedingt eine
LED-Leuchte verwenden,
damit die Dose nicht
heiß wird!

!!!

Das Loch in der MDF-Platte
muss von einem Erwachsenen
gebohrt werden, wegen
Verletzungsgefahr!

„Ich hätte gerne meinen eigenen Stuhl, mit dem ich machen kann, was ich will!"

Stuhl

Wer hat nicht gerne seinen eigenen und ganz persönlichen Sitzplatz? Und dann auch noch einen, der alles mitmacht, von Kippeln bis Draufklettern! Stabil aus Kiefernholz und Siebdruckplatten gebaut, kann dieser Stuhl zu einem sehr treuen Begleiter werden – und wenn die Geschwister neidisch werden, einfach mehr davon bauen!

• Das brauchst du! •

Material:

Quadratstäbe Buche, 3,5 cm x 3,5 cm:
2 × Bauteil A: 41,8 cm lang ○
2 × Bauteil B: 74,0 cm lang ○
4 × Bauteil C: 29,0 cm lang ○
4 × Bauteil D: 29,0 cm lang ○

Siebdruckplatten, 12 mm dick:
1 × Bauteil E: 14,0 cm x 36,0 cm ○
1 × Bauteil F: 36,0 cm x 36,0 cm ○

20 Kreuzschlitzschrauben, 4 x 40 mm ○

Werkzeug:

Akkuschrauber ○
Bohrer, ø 3 mm ○
Winkel ○
Maßband / Gliedermaßstab ○
Holzleim ○
Schleifpapier, 80er ○
Bleistift ○

So geht's:

Stuhl

So geht's:

Alle Maße in cm

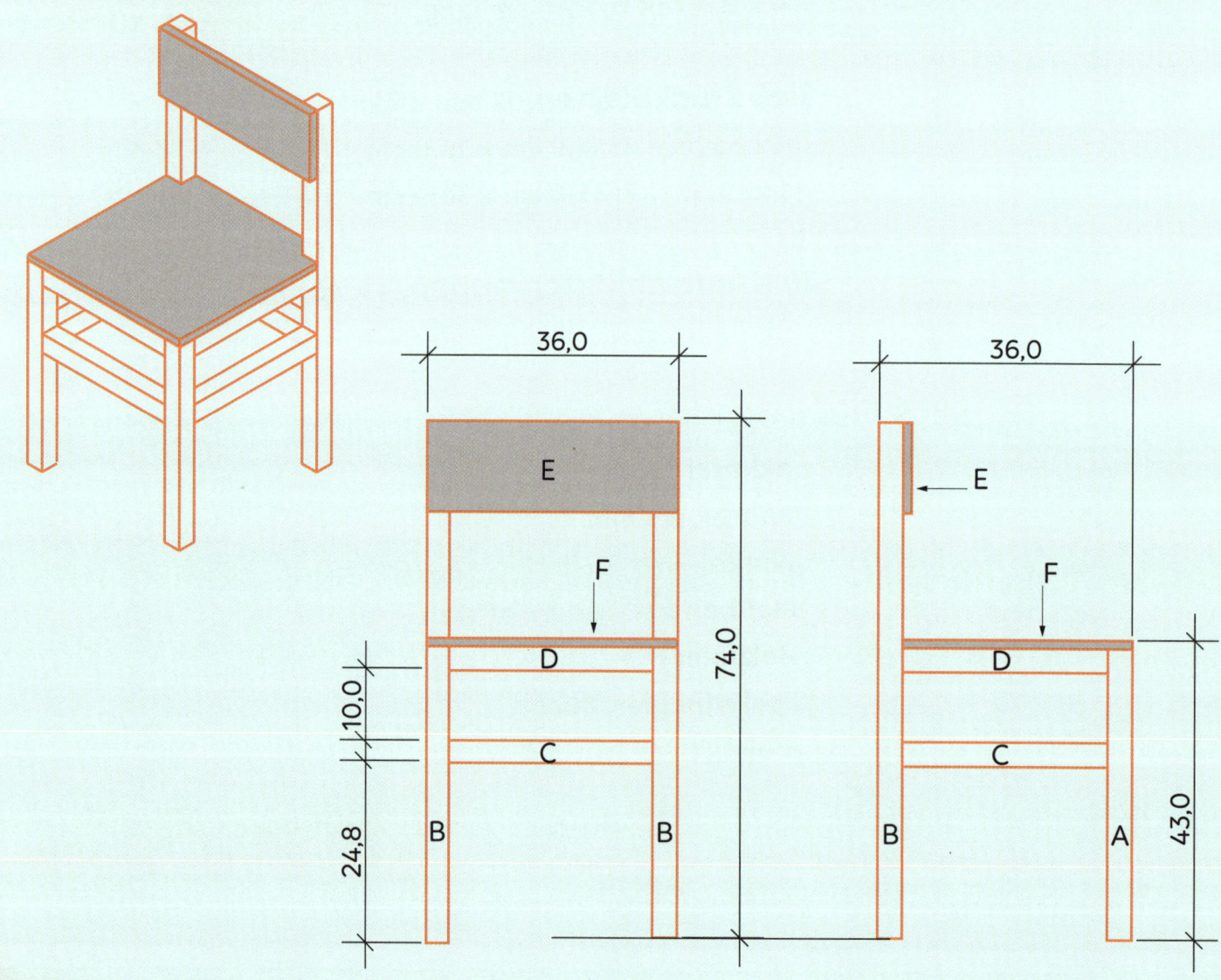

Position der Bohrlöcher:

Bohrloch, mittig

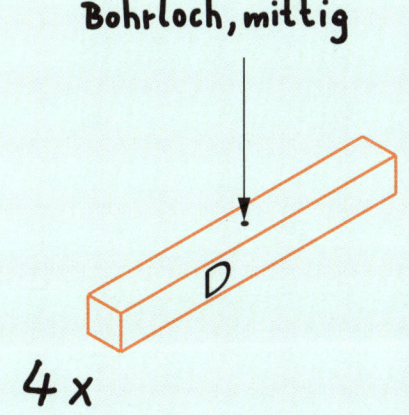

4 x

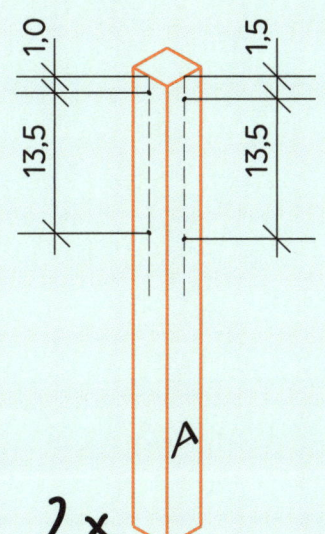

2 x

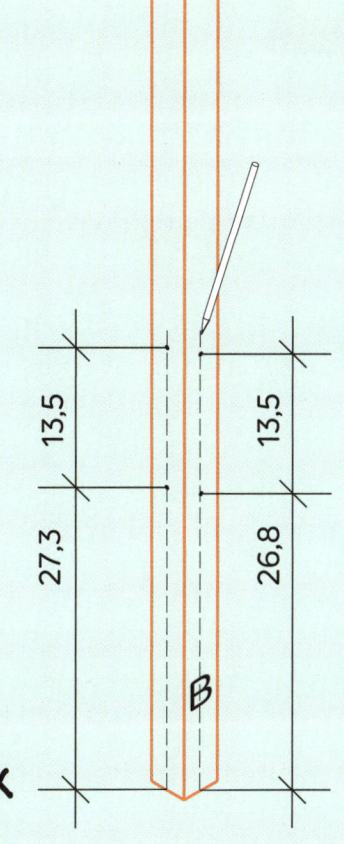

2 x

1.

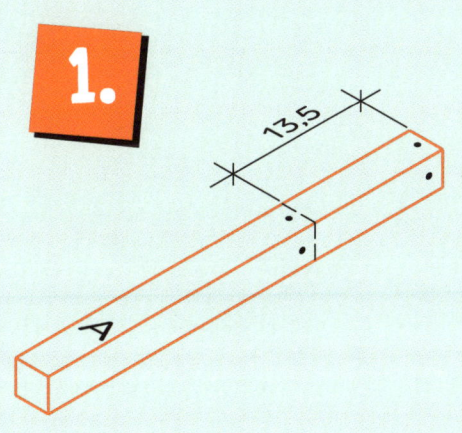

Position von Bauteil C anzeichnen

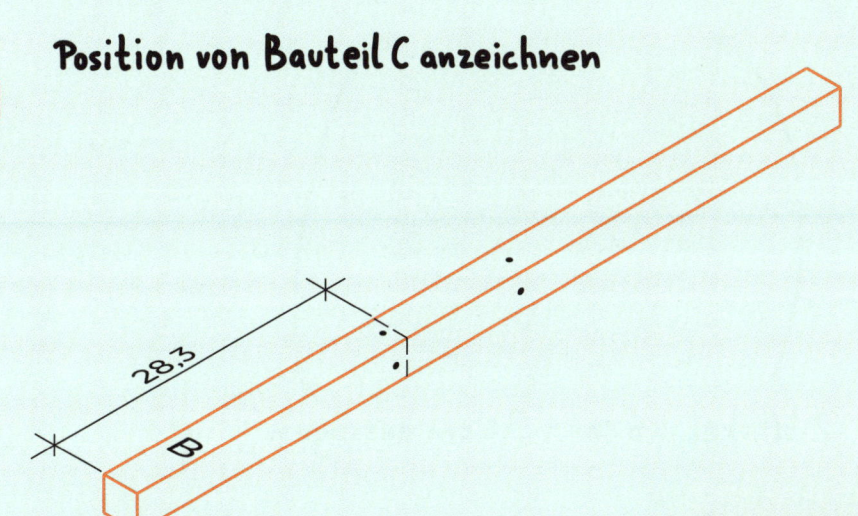

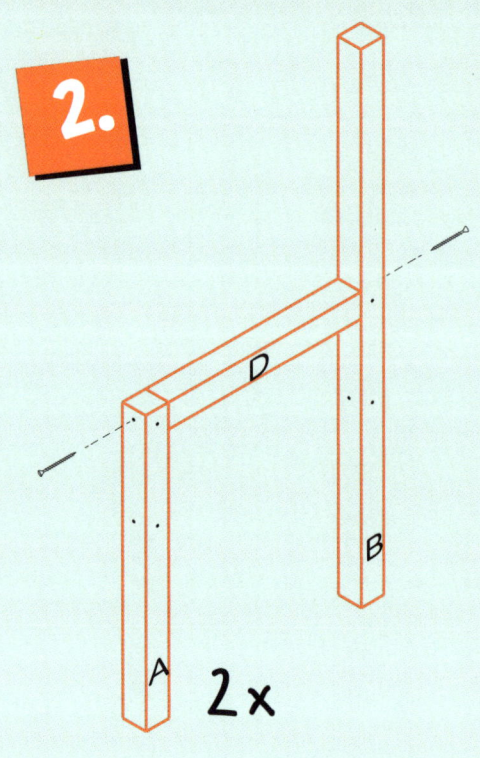

2.

A B D

2x

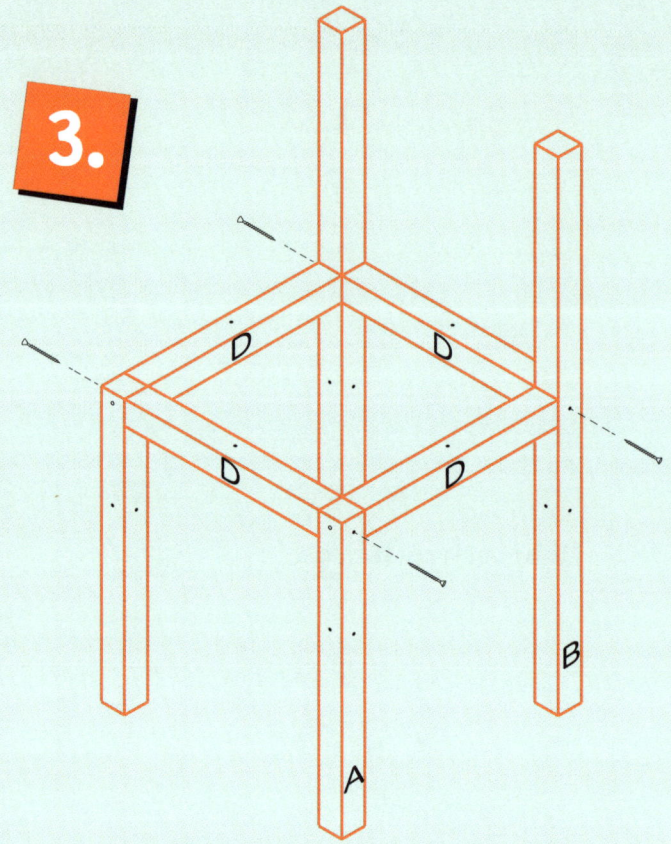

3.

D D D D A B

4.

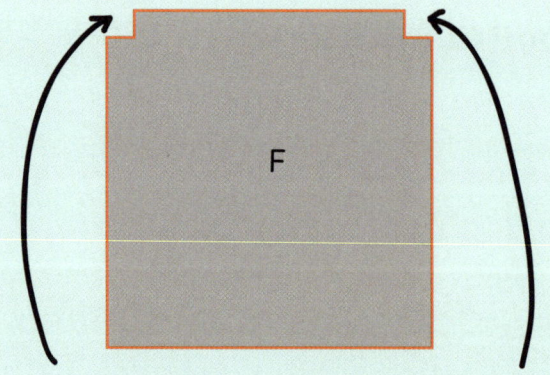

F

2 Winkel 3,6 cm x 3,6 cm aussägen

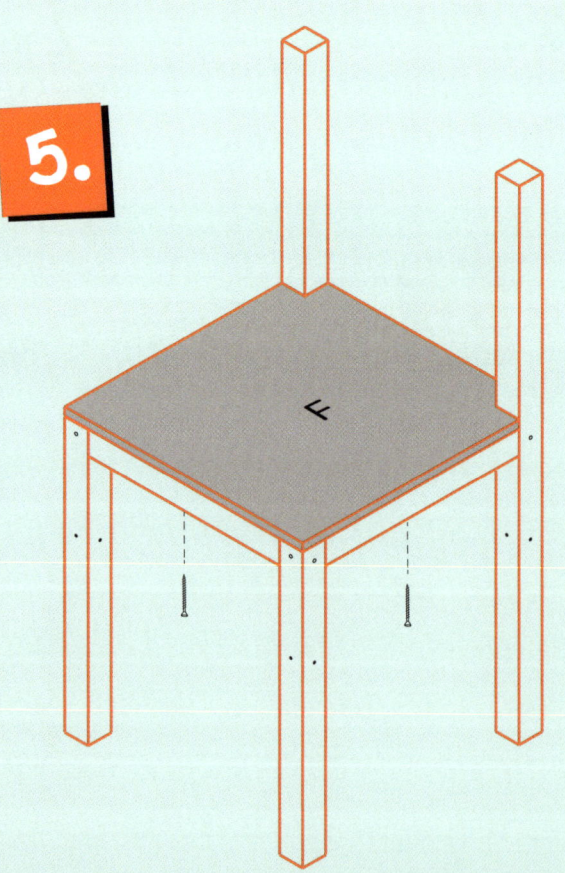

5.

F

6.

C   C

7.

4 Bohrlöcher

2.0 | 12.0

8.

E

ALLE KINDER HABEN RECHTE: KINDERRECHTE SIND MENSCHENRECHTE

Anke M. Leitzgen
Das sind deine Rechte!
Das Kinderrechte-Buch
Mit Illustrationen von Signe Kjær
Klappenbroschur, 160 Seiten, ab 8 Jahre
Beltz & Gelberg (82178)

Muss ich zu Hause mithelfen? Habe ich ein Recht auf ein eigenes Zimmer und Taschengeld? Was tue ich, wenn meine Rechte missachtet werden? Nur 16 Prozent der Kinder in Deutschland kennen ihre Rechte nach der UN-Kinderrechtskonvention. Dabei geht es darin um so brennende Themen wie Gleichheit, Inklusion, Flucht oder Trennung von den Eltern. In diesem Buch werden die wichtigsten anschaulich erklärt. Mit vielen alltagstauglichen Beispielen, Erlebnisberichten und Übungen.

»Ein tolles Wissensbuch: emanzipatorisch, lebensnah und spannend – auch für Erwachsene.«
Anita Strecker, buchjournal, 1/2017

www.beltz.de

Wer sich mit Gefahren auskennt, kann mutig sein!

tinkerbrain
**Bäng! 60 gefährliche Dinge,
die mutig machen**
Gebunden, 158 Seiten, ab 9 Jahre
Beltz & Gelberg (75405)

Ganz unterschiedliche Alltagssituationen erfordern von Kindern Mut und Umsicht: Wie reagiere ich, wenn ein großer Hund auf mich zuläuft? Wie fühlt es sich an, nachts unter freiem Himmel zu schlafen? Wie verteidige ich jemanden, der von anderen gemobbt wird? Kinder, die schon mal den Herd bedient, ein Feuer angezündet oder mal laut ihre Meinung gesagt haben, sind viel besser in der Lage, Gefahren und Herausforderungen einzuschätzen. Denn nur, wer echten Schwierigkeiten begegnet ist, kann gute Lösungsstrategien entwickeln. Ein Mitmach- und Mutmachbuch für Kinder ab 9 Jahren.

»Ausprobieren und mutig werden!«
National Geographic Kids

www.beltz.de